L'accento pone in rilievo una sillaba di cui si compone la parola e ne aumenta l'intensità di pronuncia.

La Civiltà Cattolica dà questo nome a una collana che raccoglie in modo tematico la propria riflessione – ininterrotta sin dal 1850 – ponendo l'accento su un tema di attualità o di particolare valore ispirativo.

L'accento cade su una parola chiave proponendo oggi riflessioni del passato, creando connessioni e svelando motivazioni lontane. La nostra speranza: riproporre testi da leggere col senno di poi per capire meglio il presente.

www.laciviltacattolica.it
© 2018 La Civiltà Cattolica, Roma
I edizione – giugno 2018

SOMMARIO

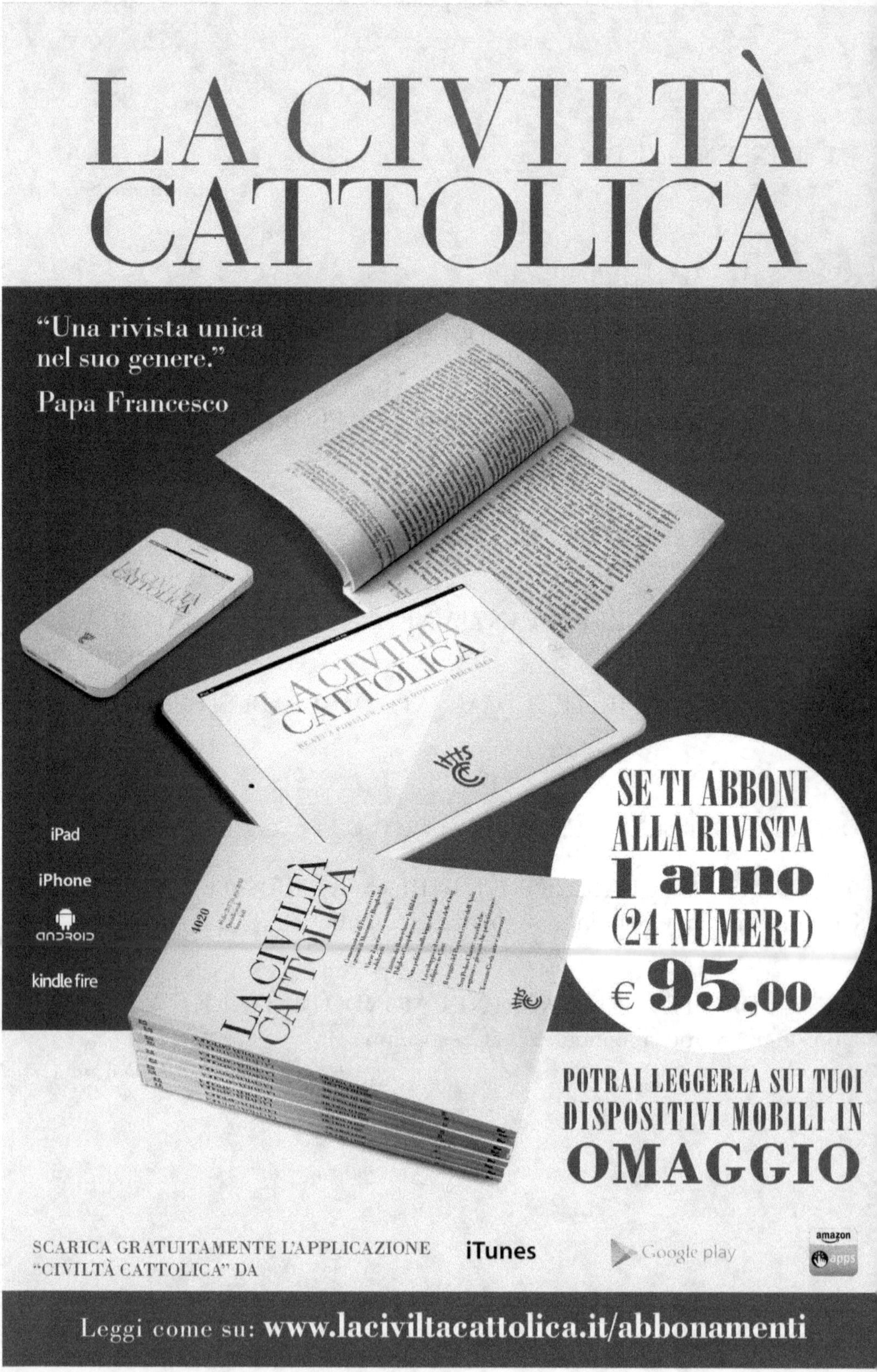
LA CIVILTÀ CATTOLICA
"Una rivista unica nel suo genere."
Papa Francesco
iPad
iPhone
android
kindle fire
SE TI ABBONI ALLA RIVISTA 1 anno (24 NUMERI) € 95,00
POTRAI LEGGERLA SUI TUOI DISPOSITIVI MOBILI IN OMAGGIO
SCARICA GRATUITAMENTE L'APPLICAZIONE "CIVILTÀ CATTOLICA" DA
iTunes
Google play
amazon apps
Leggi come su: www.laciviltacattolica.it/abbonamenti

PRESENTAZIONE

Incontrando privatamente i gesuiti del Perù, papa Francesco ha definito lo scandalo degli abusi sessuali come «la desolazione più grande che la Chiesa sta subendo». «L'abuso – ha proseguito – è sempre frutto di una mentalità legata al potere, che va guarita nelle sue radici maligne». In Cile aveva invitato sacerdoti e religiosi non solamente a «ruminare la desolazione», ma a «a chiedere a Dio che ci dia la lucidità di chiamare la realtà col suo nome». Il volume della collana «Accènti» che presentiamo si propone di fare questo: testimoniando l'impegno de *La Civiltà Cattolica*, chiamare la realtà degli abusi col proprio nome, selezionando sette articoli scritti di recente sul tema su altrettanti aspetti del problema.

La consapevolezza è cresciuta nel tempo. L'editoriale che qui presentiamo e scritto «a caldo» nel 2002, cioè ben 16 anni fa, oggi sarebbe scritto in maniera differente. Ma anche gli articoli scritti nel 2010-12 rispondono a una comprensione diversa da quella attuale. Gli autori, informati della pubblicazione di questo volume, mi hanno detto che oggi sarebbero anche più attenti all'uso stesso della parola «pedofilia» a causa della consapevolezza che, in senso stretto, è l'abuso sui bambini prepuberi. Ma essa è solo la modesta ma drammatica parte di un problema più ampio dell'abuso sessuale sui minori. La parola viene spesso usata senza la necessaria attenzione. Eppure, la nostra rivista ritiene importante testimoniare un impegno, e quindi anche la crescita nella consapevolezza della Chiesa. Le pagine che seguono la dimostrano e confermano.

* * *

Di cosa parla quell'editoriale del 2002 che oggi ripubblichiamo? Esso informa anzitutto sulla natura della pedofilia e sulle persone che compiono questi atti, presentandone una tipologia. Parla poi dei motivi del muro di silenzio che si crea sugli atti pedofili e di come lo si possa superare. Volendo quantificare molto approssimativamente il fenomeno, l'editoriale si sofferma sul turismo sessuale e sulla diffusione della pedofilia che avviene mediante internet e, a quel tempo, le videocassette. Riserva poi un'attenzione particolare ai traumi psichici e fisici che gli atti pedofili causano nei bambini. Infine, rileva il grave dovere che incombe su tutta la società di combattere la pedofilia in maniera rigorosa ed efficace, facendo riferimento anche ai casi nei quali sono implicati sacerdoti e religiosi.

Quindi presentiamo cinque aspetti del problema in altrettanti articoli a firma di Hans Zollner e di Giovanni Cucci. Entrambi insegnano Psicologia presso la Pontificia Università Gregoriana di Roma. Il primo è anche direttore del «Centre for Child Protection» della stessa Università che promuove la prevenzione. Inoltre è membro della Pontificia Commissione per la Tutela dei Minori sin dalla sua fondazione, ossia dal 2014, e da allora coordinatore del gruppo di lavoro sull'educazione e formazione del personale della Chiesa. Il secondo – oltre a essere membro del Collegio degli Scritti di *Civiltà Cattolica* – è anche referente per la Provincia Euro-Mediterranea dei Gesuiti per i casi di abusi.

Il primo aspetto è affrontato da un contributo – scritto a doppia firma nel 2010 – a partire dal fenomeno degli abusi sessuali perpetrati su minori da parte di esponenti del clero della Chiesa cattolica, particolarmente in Irlanda e Germania, a seguito dei quali Benedetto XVI ha scritto una lettera pastorale. Nell'articolo si propone una trattazione del tema dal punto di vista psicologico-sociale, basandosi sulle conoscenze scientifiche e la comprensione del fenomeno che si aveva allora. È importante che la Chiesa riconosca la gravità di quanto accaduto, non soltanto punendo chi commette questi crimini, ma soprattutto chiedendosi come formare i preti in modo sano.

Segue – sempre a doppia firma – un contributo che si sofferma piuttosto su alcuni elementi significativi che caratterizzano il particolare contesto del dibattito di allora sul tema: lo strano silenzio circa il problema da parte di educatori, ricercatori, psicologi, e la presenza di una «cultura» legata alla pedofilia. Si lamenta anche la scarsa percezione della gravità del fenomeno nella società in generale.

Quindi ci si sofferma sulla tutela dell'infanzia nella Chiesa cattolica con uno sguardo al mondo e ai diversi contesti. Il punto di partenza sono alcune domande di papa Francesco: «Come può un prete, al servizio di Cristo e della sua Chiesa, arrivare a causare tanto male? Come può aver consacrato la sua vita per condurre i bambini a Dio, e finire invece per divorarli in quello che ho chiamato "un sacrificio diabolico", che distrugge sia la vittima sia la vita della Chiesa?».

L'ultimo aspetto che si esamina è legato al fatto che, oltre alle ferite profonde inferte nel corpo e nella psiche delle vittime di abusi sessuali, esiste anche per queste persone un trauma spirituale. Un abuso compiuto da chi, sacerdote o religioso, «rappresenta Dio» oscura l'immagine stessa di Dio nella vittima. È un'implicazione possibile più o meno nella stessa forma per tutte le confessioni religiose, ma che nella Chiesa cattolica assume connotazioni particolari. Traumatico, in questo senso, può risultare ovviamente anche il tentativo di mettere a tacere i fatti o di trovare una Chiesa non disposta all'ascolto della vittima. Così, per molti, viene compromessa o persino interrotta la possibilità di credere in Dio o di avere fiducia in Lui.

* * *

Nella *seconda parte* del volume si dà conto di due importanti simposi che si sono tenuti alla Università Gregoriana rispettivamente nel 2012 e nel 2017. Il primo, dal titolo «Verso la Guarigione e il Rinnovamento», ha avuto lo scopo di comunicare che cosa si stesse facendo nella Chiesa per affrontare gli scandali del passato e del presente e approntare una adeguata prevenzione. Il Simposio è considerato una svolta per la comprensione del tema nella Chiesa cattolica in quanto ha radunato rappresentanti delle Conferenze episcopali di tutto il mondo e molti Superiori Generali. Ha portato il tema a un nuovo livello di consapevolezza. Sono state tenute nove conferenze principali da psichiatri ed esperti nella formazione sacerdotale.

Il secondo è dedicato a «La dignità dei minori nel mondo digitale», che è un altro importante aspetto del problema degli abusi sessuali di bambini e adolescenti, oggi sempre più rilevante. Attualmente sono 4,2 miliardi gli utenti di Internet, di cui almeno un quarto sono minori. Internet offre grandi possibilità, ma presenta anche grandi rischi per l'integrità e la dignità delle persone, con speciale riferimento ai bambini, che non dispongono degli strumenti per difendersi. Essi così sono minacciati da nuove forme di abuso, pericolose per lo sviluppo mentale, emotivo e spirituale dei giovani. Ci si chiede, dunque, come prevenire questi danni. Alla fine del Congresso i partecipanti hanno elaborato la «Dichiarazione di Roma», un testo in 13 punti in cui governi, società di Internet, istituzioni internazionali, il mondo scientifico e le religioni vengono chiamate a una lotta più decisa e più coordinata per la protezione dei minori su Internet.

* * *

La lotta contro gli abusi sessuali durerà ancora a lungo e bisogna perciò dire addio all'illusione che la semplice introduzione di regole o di linee guida ne sia la soluzione. Essa implica una conversione radicale e un atteggiamento deciso per rendere giustizia alle vittime. Certo, nessuno è in grado di sconfiggere definitivamente il male, neppure quello dell'abuso sui minori – sarebbe una presunzione fatale –, ma si può fare molto per ridurne il più possibile il rischio e aumentare la prevenzione.

Consegniamo il volume a un lettore che voglia comprendere meglio il fenomeno degli abusi sessuali e valutarne gli aspetti psicologici e spirituali. Il nostro è un piccolo contributo, ma rappresenta l'impegno de *La Civiltà Cattolica* su un fronte che deve essere attentamente presidiato sia dalla Chiesa sia dalla società.

Antonio Spadaro S.I.
direttore de «La Civiltà Cattolica»

GLI ASPETTI DEL PROBLEMA

IL PROBLEMA DELLA PEDOFILIA

La Civiltà Cattolica

In questi ultimi anni la coscienza di molti è stata gravemente turbata dal problema della pedofilia. Si tratta di una piaga sociale che è sempre esistita e che ha fatto vittime innumerevoli, ma sulla quale è stato purtroppo steso frequentemente un velo quasi impenetrabile di silenzio. Sia l'opinione pubblica, sia la stessa legislazione penale non le davano il dovuto rilievo, per diversi motivi: nella coscienza generale, il bambino non godeva di molta considerazione; si riteneva che non fosse possibile provare giuridicamente il reato, dato il clima di omertà e di silenzio in cui esso era avvolto, per la disistima sociale che colpiva chi l'aveva commesso e, soprattutto, data la convinzione abbastanza comune che il bambino o l'adolescente che erano stati vittima di atti pedofili non fossero credibili, potendo aver inventato tutto o aver dato un carattere pedofilo a gesti che erano semplici espressioni di affetto, forse eccessivo. Il silenzio gravava soprattutto circa gli abusi sessuali perpetrati sui bambini in famiglia.

Negli ultimi decenni questo velo di silenzio si è progressivamente squarciato: il fenomeno pedofilo è venuto alla luce nella sua drammaticità, sia perché i bambini e gli adolescenti hanno potuto parlare – un merito particolare in Italia, ad esempio, va al Telefono Azzurro che ha istituito un Centro nazionale di ascolto, al quale possono rivolgersi bambini e adolescenti maltrattati; come pure ai reparti femminili delle Forze di polizia e ai Tribunali dei minori –, sia per la diffusione del turismo sessuale, sia perché è venuto alla luce il commercio dei bambini che, per la soddisfazione erotica dei pedofili, si svolge su internet.

* * *

A dare una vasta eco al problema pedofilo hanno contribuito anche i casi di pedofilia commessi da sacerdoti e religiosi, che in alcuni Paesi – si pensi agli Stati Uniti – hanno profondamente ferito la Chiesa, mettendone in discussione la credibilità, scuotendo la fiducia di molti cattolici e arrecando gravissimi danni alle Chiese di quei Paesi, che però hanno saputo reagire, con estrema chiarezza e severità. Su questi fatti dolorosi la nostra rivista è intervenuta varie volte.

Noi, qui, non vogliamo ripetere le cose già dette. Vogliamo invece affrontare il problema della pedofilia in se stesso – nella sua natura, nei danni che arreca alle sue vittime e nelle possibilità di prevenirli – allo scopo di difendere, sia pure in piccola misura, i soggetti più deboli della società, quali sono i bambini. Si deve ricordare che i bambini sono figli di Dio a lui molto cari e i primi nel suo Regno, cosicché egli vuole che nessuno di essi si perda (*Mt* 18,14). Si deve ricordare inoltre la parola di Gesù su colui che scandalizza i bambini: «Sarebbe meglio per lui che gli fosse appesa al collo una macina girata da un asino, e fosse gettato negli abissi del mare» (*Mt* 18,6).

Tratteremo il problema della pedofilia, facendo spesso riferimento a un opuscolo – *Lutter contre la pédophilie. Repères pour les éducateurs* – pubblicato dal *Service information et communication de la Conférence des évêques de France*, e da questa approvato come «scritto alla luce del Vangelo» (cfr *Il Regno-Documenti*, 1° luglio 2002, 443-456).

* * *

Col termine «pedofilia» s'intende una particolare attrazione sessuale verso i bambini, maschi e più spesso femmine. Essa può esprimersi in una serie di pratiche sessuali molto diverse tra loro. Infatti l'attrazione sessuale può essere esclusiva o non esclusiva; può riguardare bambini piccoli, persino neonati, o pre-adolescenti. Alcune persone esprimono la loro attrazione sessuale mediante una relazione malsana, eccessivamente accattivante, con i bambini, per esempio col moltiplicare le attenzioni e i regali: esse si accontentano, osservando i bambini, di abbandonarsi a fantasticherie erotiche.

Altre persone creano con i bambini un profondo legame affettivo, senza gesti erotici, ma con sguardi insistenti e intensi. Altre persone ancora non si accontentano di creare legami affettivi, ma compiono anche gesti chiaramente, e anche violentemente, erotici, sia mostrando ai bambini i loro organi genitali, sia denudandoli, accarezzandoli o mostrando loro film e foto di carattere pornografico.

Talvolta la pedofilia assume la forma di un gioco: l'adulto racconta al bambino una storia e lo coinvolge in essa, così che il bambino non possa dire che il gioco sessuale non gli piace: in tal modo il bambino è reso complice e dunque «colpevole», e l'adulto può più facilmente imporgli di non parlare di quanto è avvenuto. Il più delle volte il silenzio è imposto al bambino con la minaccia di gravi punizioni se dovesse parlare. Nella forma più grave il pedofilo aggredisce il bambino con la violenza, imponendogli rapporti sessuali di vario genere. Pure in questi casi di estrema violenza, che causano non solo danni psichici, ma anche fisici, come ferite agli organi genitali e ustioni, viene imposto al bambino il silenzio sotto pena di gravi castighi. Si deve rilevare che l'imposizione del silenzio fatta al bambino ha una forza tale che gli impedisce di parlare, sia per timore dei castighi minacciati, sia per la vergogna di parlare di «cose brutte», sia perché si sente in colpa per non aver saputo rifiutare o per aver provato piacere o per aver soddisfatto la propria curiosità. Può anche avvenire che il bambino non parli perché non trova le parole per esprimere quanto è avvenuto o perché teme di non essere creduto o anche perché crede che ciò che gli è accaduto sia normale e accada a tutti i bambini.

* * *

Come gli atti che vanno sotto il termine di pedofilia sono diversi, così le persone che si rendono colpevoli di tali atti sono molto diverse tra loro, e perciò non si può parlare del «pedofilo tipo». Il pedofilo infatti non si distingue dalle altre persone. Può essere sposato e avere figli; può condurre una vita normale ed essere stimato nel suo ambiente; può ricoprire a volte posti di autorità e di fiducia. Può appartenere a tutte le categorie sociali, può esercitare tutte le professioni (anche se può avere una preferenza per quelle che lo mettono a contatto con i bambini) e può passare all'atto pedofilo in qualunque momento della sua vita.

Anche se la grande maggioranza dei pedofili è costituita da uomini, ci sono anche donne pedofile: il fenomeno però è meno evidente e può restare più nascosto per il fatto che la donna ha un accesso più naturale al corpo dei bambini, soprattutto più piccoli; ma comporta anch'esso gravi conseguenze per il bambino. Può anche avvenire che – specialmente nei casi d'incesto – le donne diventino complici passive nei riguardi degli atti compiuti dai loro congiunti. Infatti, nei casi d'incesto del padre con le figlie, la madre spesso chiude un occhio sulla relazione padre-figlia che essa conosce o – peggio ancora – favorisce e incoraggia, per mantenere unita la famiglia oppure per non creare scandalo nel proprio ambiente, oppure ancora per non dover – essa – sopportare le violenze del marito. La relazione incestuosa tra padre e figlia si costituisce, in genere, per il fatto che la vita sessuale della coppia è insoddisfacente e il marito cerca nella figlia la soddisfazione sessuale e affettiva che la moglie non è capace di dargli. Della sua incapacità di soddisfare il marito la moglie si rende conto: ciò la induce a favorire la relazione incestuosa, per la paura di perdere il marito o di sfasciare la famiglia.

Non è detto che il pedofilo debba essere sempre una persona adulta: anche un adolescente può commettere atti di pedofilia a danno di un bambino più piccolo di lui, specialmente se nella sua infanzia ha subìto violenze sessuali. In particolare l'adolescente che ha subìto abuso sessuale da parte del padre tende a riprodurre ciò che ha subìto – per «reazione pedofilica» – con altri ragazzi più giovani.

* * *

Se non esiste il «pedofilo tipo», si può tuttavia delineare una «tipologia dei pedofili». La caratteristica principale della personalità pedofila è l'immaturità affettiva e sessuale. La persona pedofila non è riuscita a sviluppare, per cause diverse, una maturità sessuale e affettiva, per cui tende a sentirsi sottovalutata, umiliata e sminuita nella sua capacità di affrontare la persona adulta, maturata affettivamente e sessualmente. Essa teme di essere incapace di vivere la propria sessualità con una persona adulta e quindi di essere ridicolizzata. Cerca perciò di rifarsi sui bambini, perché non la ridicolizzano né possono rivaleggiare con essa o mostrare la propria superiorità.

Infatti col bambino la persona pedofila può soddisfare il suo bisogno di dominare: bisogno che può giungere fino a sottoporre il bambino a comportamenti sadici, tali da causargli sofferenze crudeli, che talvolta possono sfociare nella morte. Il fatto terribile è che, per certi pedofili, il bambino è un puro oggetto di soddisfazione delle proprie pulsioni sadiche, senza che essi abbiano alcuna percezione della sofferenza del bambino.

Evidentemente la maggior parte dei pedofili, per i quali spesso il bambino o l'adolescente è una persona vicina e conosciuta, non giungono a questi atti criminali; cercano anzi di avere con loro un rapporto amichevole. Si tratta, in tal caso, di persone «nevrotiche», che sono coscienti dell'immoralità dei propri comportamenti nei riguardi del bambino e che perciò passano all'atto sotto forma di carezze o di palpeggiamenti o con l'uso di materiale pornografico che mostrano ai bambini. Tali persone, se scoperte, provano un forte senso di colpa o di vergogna per il deturpamento della propria immagine di fronte al proprio ambiente familiare o professionale.

Ma ci sono pedofili con una personalità «perversa», i cui atti, dominati unicamente dalla «legge del desiderio», sono estremamente violenti e possono avere per la vittima conseguenze addirittura letali. Molto spesso si tratta di persone con una doppia personalità: da una parte possono assumere atteggiamenti morali talvolta assai rigidi, e ciò può far dubitare della veridicità delle accuse di pedofilia ad esse rivolte; dall'altra, sono capaci di atti di pedofilia estremamente violenti e crudeli, senza provare nessuna sofferenza e nessun senso di colpa. In genere sono incapaci di riconoscere la gravità dei propri atti. Queste persone con «sdoppiamento della personalità» possono essere molto intelligenti e ben inserite nel loro ambiente sociale, di cui godono la stima. A volte esse fanno parte di reti pedofile o di prostituzione infantile.

Infine ci sono i pedofili «psicopatici»: si tratta generalmente di persone di basso livello intellettuale, violente e instabili, fortemente dominate dalle loro pulsioni sessuali e portate ad associare le violenze sessuali con altri tipi di violenza e di criminalità. Il loro scopo non è tanto il godimento sessuale immediato quanto piuttosto il godimento che essi provano nel causare terrore nella vittima. Questi pedofili psicopatici sono caratterizzati da un'assoluta freddezza e non provano nessun senso di colpa. Molto spesso appartengono a questo tipo di pedofili i cosiddetti *serial killer*, che sono per lo più criminali sessuali.

* * *

Attorno ai casi di pedofilia si è spesso creato – e si crea talvolta ancora oggi – un muro di silenzio, perché tutte le persone coinvolte o non hanno interesse a parlare o hanno paura di farlo per le gravi conseguenze che ne potrebbero derivare. I più interessati a parlare dovrebbero essere i bambini; ma essi difficilmente parlano, sia per paura delle minacce ricevute dall'aggressore, sia perché – come nel caso di atti di pedofilia commessi in famiglia – il bambino è legato affettivamente al suo aggressore e non vuole danneggiarlo, sia perché non sa come esprimersi, sia infine perché teme di non essere creduto. L'aggressore evidentemente non ha nessun interesse che si parli di lui, perché il silenzio è il mezzo che gli permette di tenere in suo potere il bambino e di conservare la propria buona fama nell'ambiente di lavoro.

Quanto ai genitori, possono non comprendere quanto il bambino esprime non sempre chiaramente a parole, ma con atteggiamenti strani, come la tristezza, il silenzio, il pianto senza alcuna ragione apparente; col disinteresse anche per il gioco; con certi malesseri fisici, come il mal di pancia o il mal di testa; con cambiamenti di umore improvvisi, brutti voti a scuola, incubi, insonnia; con un'eccessiva agitazione; con un linguaggio provocante; con espressioni e allusioni sessuali inadatte alla sua età; con l'aggressività verso altri bambini. Nel caso poi che vengano a sapere che i loro figli sono stati fatti oggetto di atti pedofili, i genitori possono non intervenire per non traumatizzare maggiormente il bambino o anche perché ritengono che il bambino finirà per dimenticare quanto gli è accaduto. Temono poi il giudizio della gente e non vogliono imbarcarsi in un processo giudiziario dall'esito incerto e che può essere psicologicamente devastante per il bambino, costretto a ripetere varie volte in giudizio i brutti fatti di cui è stato vittima.

* * *

Non è possibile quantificare anche soltanto approssimativamente il fenomeno della pedofilia. Quello che si può dire è che è notevolmente diffuso e che solo una piccola parte degli abusi sessuali commessi sui minori viene alla luce e una porzione ancora minore è fatta oggetto di un intervento giudiziario. Alcuni dati sono certi: la pedofilia colpisce più le bambine che i bambini; l'età dei bambini oggetto di atti pedofili è, nella maggior parte dei casi, quella tra i 6 e i 12 anni; nei casi di incesto sono implicati i padri assai più delle madri.

Molto diffuso e in continua crescita è il turismo sessuale, al quale partecipano persone di ogni categoria, nessuna esclusa. Vi sono anche particolari agenzie turistiche che lo organizzano, collegate con agenzie dei Paesi verso i quali il turismo è diretto. I viaggi di *sex tourism* partono soprattutto dall'Europa (l'Italia e la Germania sono ai primi posti), dall'America del Nord e dal Giappone. Le mete preferite sono, in Asia, le Filippine, la Thailandia, Taiwan, la Cina, il Vietnam (che si rifornisce di bambini dalla Cambogia), l'India (a cui affluiscono bambini dal Nepal), il Pakistan (che riceve bambini dal Bangladesh), lo Sri-Lanka; in America Latina, il Brasile, il Perù e i Paesi caraibici (Giamaica, Repubblica Dominicana e Cuba); in Africa, il Kenya (in particolare le città di Nairobi, Mombasa e Malindi).

In tutti questi Paesi ci sono agenzie collegate con quelle dell'Europa, dell'America del Nord e del Giappone, che si incaricano di accogliere i turisti, li sistemano in alberghi o in piccoli *residence* e procurano loro bambini o bambine con cui possono soddisfare i loro impulsi libidinosi in tutte le forme che desiderano, anche in quelle più crudeli e talvolta letali. Quando si pensa che buona parte di questi turisti del sesso sono padri di famiglia, i quali talvolta hanno lasciato a casa figli piccoli, non si possono non nutrire sentimenti di orrore e di vergogna.

Quanti siano i bambini oggetto di questo orribile commercio, è difficile dire, perché le statistiche date dai Governi dei Paesi interessati sono molto inferiori a quelle date dall'UNICEF, dalle ONG (Organizzazioni Non Governative) e dagli osservatori provenienti da altri Paesi, poiché le nazioni, mete del turismo sessuale, tendono a minimizzare il vergognoso fenomeno. Sembra che la cifra dei minori sessualmente abusati nel mondo si aggiri sui cinque milioni, con un guadagno per l'«industria» del sesso minorile di 7.500 miliardi di lire all'anno (cfr P. Monni, *L'Arcipelago della Vergogna. Turismo sessuale e pedofilia*, Roma, Ed. Universitarie Romane, 2001, 304).

Ad ogni modo, al di là delle cifre che possono essere dubbie e incerte, quello che è certo è il danno terribile che l'abuso sessuale perpetrato dai pedofili causa nei bambini. Essi subiscono anzitutto un trauma psichico: si sentono «sporcati» e «contaminati», fino a sentirsi nell'impossibilità di purificarsi; si sentono come «invasi», tanto da non riuscire a pensare ad altro: si sentono colpevoli di non aver saputo dire di no, di non essere stati capaci di opporsi alla violenza, quando avrebbero potuto farlo.

Questi traumi sono durevoli: anche quando raggiungono l'età delle relazioni amorose e sessuali, fanno fatica a vivere la propria sessualità in modo normale e felice, poiché anche a distanza di anni si sentono sporchi, sminuiti e spregevoli. Di più la violenza subìta nell'infanzia può spingerli ad essere a loro volta aggressori di altri bambini; le ragazze tendono a tenersi lontani dai ragazzi, rifugiandosi nei comportamenti omosessuali o addirittura dandosi alla prostituzione per odio contro se stesse.

Ai traumi psichici si associano frequentemente traumi fisici, poiché gli atti pedofili possono causare gravi lesioni e ferite, che possono infettarsi e divenire croniche. Non sono escluse gravidanze o malattie sessualmente trasmissibili. Non sempre i traumi subìti si manifestano nell'infanzia, anche se è ben difficile che i bambini abusati non presentino segni di malessere. Spesso la violenza, subìta nell'infanzia e taciuta, si manifesta nella pubertà, quando la maturazione sessuale fa affiorare ricordi che sono espressi con segnali di malessere, quali depressione, anoressia e bulimia, assenze dalla scuola, consumo di alcool e di droghe e perfino tentativi di suicidio.

* * *

Combattere la pedofilia è un grave dovere della società, perché i bambini sono la parte più fragile e indifesa di essa e dunque hanno bisogno di essere protetti più di ogni altro gruppo sociale. Giustamente, perciò, molte nazioni – purtroppo, non tutte – si sono dotate di leggi assai severe, contro l'abuso sessuale dei bambini extra- e intra-familiare, in ossequio alla *Convenzione Internazionale sui Diritti dell'Infanzia*, approvata a New York il 20 novembre 1989 e ratificata dell'Italia con la Legge 29 maggio 1991, n. 271. Non si può dire, però, che le leggi contro la pedofilia – in Italia sei nuovi commi sono stati aggiunti nell'agosto 1998 all'art. 600 del codice penale – abbiano avuto effetti rilevanti, sia per la difficoltà di individuare i pedofili a causa del muro di silenzio che si crea attorno a loro, sia per i grandi interessi finanziari che, in campo internazionale, stanno dietro la prostituzione minorile. Si nota anzi che le forme di pedofilia sono in aumento, sia per il graduale rilassamento dei costumi nella nostra società, sia per le nuove possibilità che offrono ai pedofili i nuovi *media*, in particolare le videocassette di argomento pedo-pornografico e internet. «Secondo dati forniti dall'Unicef, anche grazie a internet, negli ultimi cinque anni il numero dei pedofili si sarebbe triplicato. Sempre grazie a internet, sono stati creati veri e propri *Babycybermarket*; ma la cosa più raccapricciante è costituita dal proliferare del lancio su internet di *Snuff-Movies*, cassette porno dove ragazzine e ragazzini vengono stuprati, torturati e uccisi» (P. Monni, *L'Arcipelago della Vergogna*, cit., 216 s).

In realtà le leggi possono aiutare a combattere la pedofilia, ma da sole non bastano; infatti i pedofili si lasciano scoprire assai difficilmente, sia perché sanno erigere attorno alle loro ignobili imprese un muro di silenzio, sia perché oggi possono servirsi, per procurarsi tanto il materiale pedo-pornografico quanto i bambini da usare per le loro ignobili imprese, di strumenti – come internet e videocassette – che hanno un mercato vastissimo, capace di sfuggire a ogni controllo e di soddisfare tutti i gusti, anche i più sadici e depravati, senza che le leggi antipedofile riescano a intervenire efficacemente. Il fatto che il mercato porno-pedofilo su internet e sugli altri *media* sia molto lucroso e sia organizzato da persone e gruppi che dispongono di grandi capitali, usati tanto per la produzione e la commercializzazione di materiale porno-pedofilo, quanto per corrompere coloro che dovrebbero combatterlo, fa sì che i risultati della lotta legale alla pedofilia, che si sta organizzando su scala internazionale, siano assai modesti.

Perciò la pedofilia potrebbe essere meglio combattuta anzitutto con la prevenzione. I genitori e gli educatori devono avvertire i bambini e i ragazzi – nella misura e nei modi in cui essi possono comprendere – dei gravi pericoli a cui possono andare incontro, accettando regali, gesti di affetto e inviti a casa da parte di persone adulte che essi non conoscono (ma purtroppo i pedofili sono spesso persone conosciute, parenti, vicini di casa e amici di famiglia o persone insospettabili e di assoluta fiducia). Devono fare attenzione a tutti i segni strani e di malessere che i bambini possono presentare sia in casa, sia a scuola, sia nei contatti con altre persone, aiutandoli a parlare: cosa non facile, perché essi o non sanno esprimersi oppure tendono a chiudersi nel silenzio. D'altra parte, tali segni sono di difficile interpretazione e possono essere attribuiti all'instabilità dell'umore e alla capricciosità dei bambini.

Può succedere che si nutrano sospetti su alcune persone per i loro modi di comportarsi con i bambini: bisogna guardarsi dall'essere facili nel sospettare, perché si può diffamare gravemente una persona innocente e cucirle addosso un sospetto che può essere gravemente nocivo e da cui non le sarà più possibile liberarsi; ma, quando si hanno prove certe di comportamenti non sani di certe persone con i bambini o, peggio ancora, quando si è a conoscenza di fatti precisi di pedofilia, è grave dovere – trattandosi di un delitto punito dalla legge – denunciare tali persone alla giustizia, pur con tutte le cautele del caso.

Se sospetti gravi e fondati riguardassero qualche sacerdote – cosa ancora più deprecabile, trattandosi di persone consacrate e che godono della fiducia di genitori e ragazzi – è necessario informarne il vescovo o il superiore religioso, affinché accertino i fatti e provvedano con il necessario rigore, in primo luogo allontanando il sacerdote o il religioso da posti in cui siano a contatto con i bambini e i ragazzi. Nel caso che si giunga alla certezza che sacerdoti e religiosi si siano resi colpevoli di atti di pedofilia, i provedimenti da prendere nei loro riguardi devono essere assai rigorosi. Recentemente, i vescovi degli Stati Uniti hanno disposto che i colpevoli chiedano di essere dispensati dagli obblighi derivanti dagli Ordini sacri e di perdere lo stato clericale, oppure che siano dimessi dallo stato clericale anche senza il loro consenso. Nel caso che non sia possibile applicare la pena delle dimissioni, per ragioni di anzianità o di infermità, i colpevoli saranno indotti a una vita di preghiera e di penitenza; non sarà loro consentito di celebrare la messa in pubblico, di indossare l'abito clericale o di presentarsi pubblicamente come sacerdoti. Ad ogni modo, il bene dei bambini deve prevalere su ogni altra considerazione. Per quanto poi riguarda la formazione dei futuri sacerdoti, deve valere il principio posto da Giovanni Paolo II: «Nel sacerdozio e nella vita religiosa non c'è posto per chi potrebbe far del male ai giovani» (*Discorso ai cardinali degli Stati Uniti*, n. 3, in *Il Regno-Documenti*, 2002, n. 9, 266).

In realtà per combattere efficacemente la pedofilia sarebbe necessaria una reazione, quasi un sussulto, della coscienza generale e una ripresa del senso morale che, nonostante tutto, non è affatto spento nella maggior parte delle persone del nostro tempo. Possiamo augurarcelo? È dovere di tutti far sì che tale augurio possa realizzarsi per il bene e la felicità dei bambini.

OSSERVAZIONI PSICOLOGICHE
SUL PROBLEMA DELLA PEDOFILIA

Giovanni Cucci S.I. - Hans Zollner S.I.

Le cronache recenti hanno ampiamente dato spazio agli abusi sessuali perpetrati su minori da parte di membri del clero della Chiesa cattolica, particolarmente in Irlanda e Germania. In seguito a tali fatti Benedetto XVI ha recentemente scritto una lettera pastorale ai cattolici irlandesi[1]. La nostra rivista si è già occupata a più riprese di questo annoso problema[2]. Tuttavia, a motivo della gravità della questione e della sua nuova triste attualità, intendiamo svolgerne una trattazione questa volta soprattutto sotto il profilo psicologico-sociale.

Caratteristiche psicologiche della pedofilia

La fenomenologia pedofilica presenta alcuni elementi comuni che la avvicinano a quello che in psicologia viene indicato con i termini di «perversioni», «devianze», «parafilie». Con questi termini si intende un disturbo nella modalità dell'eccitamento sessuale, che si desta solamente in occasioni del tutto particolari, come la vista di oggetti e indumenti (feticismo), indossare abiti dell'altro sesso (travestitismo), guardare rapporti sessuali compiuti da altri (voyeurismo), mostrare le proprie nudità ad altri (esibizionismo), infliggere umiliazioni, violenze, fino alla morte del partner (sadismo, stupro),

---

1. Cfr Benedetto XVI, «Lettera pastorale ai cattolici irlandesi», in *Civ. Catt.* 2010 II 62-72.

2. Cfr G. Ghirlanda, «Doveri e diritti implicati nei casi di abusi perpetrati da chierici», in *Civ. Catt.* 2002 II 341-353; G. Marchesi, «La Chiesa cattolica negli Stati Uniti scossa dallo scandalo della pedofilia», ivi, 2002 II 477-486; «Il problema della pedofilia», ivi, 2002 IV 107-116; G. Marchesi, «L'impegno della Chiesa degli Stati Uniti contro gli abusi sessuali sui minori», ivi, 2003 I 169-178.

o infine molestare, infliggere violenza, avere rapporti sessuali nei confronti di bambini e adolescenti (pedofilia, efebofilia). La quarta edizione rivista del *Manuale Diagnostico e Statistico dei Disturbi Mentali* (DSM IV-TR), pubblicata nel 2000 dall'Associazione Psichiatrica Americana (Apa), seguendo le precedenti edizioni del 1994 e del 1987 (DSM IV; DSM III-R), tralascia i termini «perversioni» e «deviazioni», perché ritenuti giudicanti e moralistici, in altre parole non «scientifici», per mantenere il solo termine di «parafilie». I medesimi criteri di valutazione si trovano anche nella decima edizione dell'*International Statistical Classification of Disease and Related Health Problems* (ICD-10), pubblicato a Ginevra nel 1992.

Le parafilie vengono classificate tra i disturbi «clinici» (i cosiddetti disturbi dell'Asse I), intendendo con questo termine i «disturbi che di solito esordiscono nella prima, nella seconda infanzia, o nell'adolescenza»[3]. Essi influiscono in modo significativo sulla dinamica psichica generale dell'individuo, fino alla psicosi: tra di essi si trovano la schizofrenia, i disturbi affettivi, i disturbi d'ansia, i disturbi dissociativi, i disturbi da uso di sostanze e la demenza. La pedofilia in particolare viene definita come una specifica attività sessuale o fantasia sessuale che abbia per oggetto bambini inferiori a 13 anni per un periodo di almeno 6 mesi, compiuta da un soggetto di età non inferiore a 16 anni: «Il decorso è di solito cronico, specie in coloro che sono attratti dai maschi. Il tasso di recidive dei soggetti con pedofilia con preferenza per i maschi è all'incirca doppio rispetto a coloro che preferiscono le femmine»[4]. Le vittime sono per il 60% maschi; la pedofilia è correlata ad altre caratteristiche proprie delle parafilie, come l'esibizionismo, il voyeurismo, la violenza sessuale, l'abuso di alcool[5].

---

3. Associazione Psicologica Americana, Manuale Diagnostico e Statistico dei Disturbi Mentali (DSM-IV), Milano, Masson, 2000[4], [111], 51.

4. *Manuale Diagnostico e Statistico dei Disturbi Mentali DSM-IV-TR*, Milano, Masson, 2001, [F.65.4], 610 s. World Health Organization, *The ICD-10 Classification of Mental and Behavioural Disorders*, Geneva, Author, 1992, [302.2].

5. Cfr H. Kaplan - B. Sadock, *Psichiatria. Manuale di scienze del comportamento e psichiatria clinica*, vol. I, Torino, Centro Scientifico Internazionale, 2001, 704. G. Abel - M. Mittleman - J. Becker, «Sexual Offenders: Results of assessment and recommendations for treatment», in H. Ben-Aron - S. Hucker - C. Webster (eds), *Clinical criminology: The Assessment and treatment of Criminal Be-*

Un elemento importante dal punto di vista della psicodinamica generale è dato dalla grande scarsità di relazioni alla pari: il pedofilo si interessa a persone più piccole, perché più deboli e remissive. Ciò rivela il suo livello di inferiorità: «Il segno più chiaro di salute psicologica è l'esistenza di relazioni alla pari intime e soddisfacenti»[6]. Anche la sua maniera di «volere bene» (un ritornello costante addotto per giustificare questi comportamenti) ha ben poco a che vedere con le caratteristiche mature dell'amore e dell'affetto, come il rispetto, la non possessività e il riconoscimento dell'unicità dell'altro. La verità è che il pedofilo «non si affeziona al bambino, ma solo alla possibilità di esercitare un potere su di lui. Quando il bambino diventa adulto l'"amore" scompare, perché egli si sente a suo agio soltanto con i bambini, verso i quali può esercitare un potere»[7].

Il problema non è dunque dovuto alla frequenza del tempo trascorso con i bambini e nemmeno al fatto di essere genuinamente interessati a loro; ciò è richiesto per svolgere qualsiasi compito educativo, professionale, ministeriale da parte di genitori, insegnanti, animatori sportivi e di comunità, sacerdoti. Tale frequenza può diventare preoccupante se la persona adulta non conosce altri tipi di relazioni, e soprattutto se si sente a disagio e isolata tra gli adulti, rivelando che il suo mondo interiore, i suoi interessi e inclinazioni sono altrove: «Una domanda chiarificatrice è "Con chi spendi il tuo tempo libero e le vacanze?" I pedofili ed efebofili tendono a trascorrerlo soltanto con minori. Gli adulti sani trascorrono il loro tempo libero con altri adulti [...]. Durante la valutazione psicologica per riconoscere abusatori di bambini, io chiedo al soggetto chi è il suo migliore amico. Non di rado, essi menzionano un minore. Allo stesso modo, posso chiedere quali relazioni personali siano state più

---

haviour, Toronto, Clarke Institute of Psychiatry, 1985, 191-205; R. LANVEGIN - P. FEDROFF, *Report to the Ontario Mental Health Foundation: A 25-year follow up study of sex offender recidivism*, Phase I, 2000; D. PAITICH - R. LANVEGING ET AL, «The Clarke SHQ: A clinical sex history questionnaire», in *Archives of Sexual Behaviour* 6 (1977) 421-436.

6. S. ROSSETTI, «Some Red Flags for Child Sexual Abuse», in *Human Development* 15 (1994) n. 4, 8.

7. R. HANSON, «Prognosis. How Can Relapse Be Avoided - Discussion», in K. HANSON - F. PFÄFFLIN - M. LÜTZ (eds), *Sexual Abuse in the Catholic Church. Scientific and Legal Perspectives*, Città del Vaticano, Libr. Ed. Vaticana, 2004, 149.

significative. Di nuovo, qualcuno parla delle sue relazioni con minori»; questa difficoltà si accompagna spesso a uno stile di personalità passiva, chiusa, dipendente, falsamente docile e remissiva, ma in realtà preoccupata di compiacere i superiori e mantenere coperte le proprie insicurezze[8].

Un altro importante segnale prognostico, specie nell'età della crescita, è dato da comportamenti di tipo antisociale, tendenti alla violenza, e una sessualità precoce, manifestata anche nel modo di parlare, immaginare, relazionarsi. Chi è stato abusato tende, per lo più inconsciamente, a comportarsi in modo seduttivo, perché è spesso l'unica modalità conosciuta di relazionarsi ed essere considerato: «Esiste il comune convincimento che il "comportamento sessualizzato" nei bambini sia uno dei "campanelli d'allarme" nel prevedere se il minore sarà un probabile candidato a manifestazioni abusanti. Per comportamento sessualizzato o inappropriato si intende: un rapporto sessuale con giocattoli o animali, una fissazione su argomenti di natura sessuale, la masturbazione compulsiva e un alterato rapporto con gli atti sessuali»[9]. Tale ipersessualizzazione emerge purtroppo a scapito degli affetti, che rimangono come ibernati e rendono difficile una relazione non sessualizzata, all'insegna cioè dell'intimità, della tenerezza e del dono di sé. Questo perché il sesso è diventato l'unica modalità di presentazione e comunicazione di sé.

La personalità del pedofilo

È molto difficile delineare in modo preciso la personalità propria del pedofilo, perché raramente chi compie abusi rivela le proprie tendenze e i propri modi di pensare; va anche detto che molti casi di violenza restano segreti e non rivelati, per vergogna o per paura del-

8.   S. Rossetti, «Some Red Flags for Child Sexual Abuse», cit., 7–8 e 10.

9.   A. Salvatori - S. Salvatori, *L'abuso sessuale al minore e il danno psichico. Il vero e il falso secondo la rassegna della letteratura internazionale*, Milano, Giuffrè, 2001, 187. Cfr R. Lusk - J. Waterman, «Effects of sexual abuse on children», in K. MacFarlane - J. Waterman (eds), *Sexual abuse of young children*, New York, Guilford, 1986, 15-29; A. Salter, *Treating child sexual offenders and their victims: a practical guide*, Beverly Hills, Sage, 1988; J. Wright (ed.), *Child sexual abuse within the family: assessment and treatment*, New York, Guilford, 1988.

le conseguenze. Dalle ultime ricerche compiute sembra che l'abusatore sia per lo più di sesso maschile: secondo i dati del Censis, la stragrande maggioranza degli abusi (84-90%) avviene in famiglia, e per il 27% da parte di un familiare stretto, si tratta cioè di incesto[10]. Un altro dato che emerge dalle ricerche è che la maggioranza dei casi di abuso sessuale denunciati riguarda per il 30% casi di pedofilia, per il 30% di efebofilia, per il restante si tratta di vittime maggiorenni[11].

Una ricerca svolta da Seympur e Hilda Parker su un gruppo di 54 padri incestuosi (28 padri biologici e 26 patrigni), raffrontati con un gruppo di padri non abusatori, mostrano tratti comuni nella personalità dell'abusatore, come, ad esempio, un rapporto sempre problematico con i loro genitori (in termini di lontananza, assenza, violenza o abuso), la mancata relazione di attaccamento affettiva, intesa anche come mancanza di un contatto fisico con i propri figli, povertà di relazioni, specie con adulti, l'alcolismo o l'abuso di sostanze: «I padri abusatori possono differire dai non abusatori nel come percepiscono i loro bambini [...]. In modo particolare gli studi hanno mostrato come i genitori abusanti tendano a interpretare ne-

---

10. Cfr R. BLANCHARD - P. KLASSEN ET AL., «Sensitivity and specificity of the phallometric test for pedophilia in nonadmitting sex offenders», in *Psychological Assessment* 13 (2001) 118-126; R. LANGEVIN - R. WATSON, «Major factors in the assessment of paraphilics and sex offenders», in *Sex Offender Treatment* 23 (1996) 39-70. Dati simili si riscontrano in Italia: «Nel 1999, sul totale di 522 persone denunciate, 357 erano conosciute dalla vittima; tra queste 338 appartenevano al suo nucleo familiare: nei restanti 165 casi l'autore del reato non era conosciuto dal minore. Nell'anno 2000, su un totale di 621 persone denunciate, 476 erano conosciute dalla vittima; di queste, 449 appartenevano al suo nucleo familiare; nei restanti 145 casi l'autore del reato non era conosciuto dal minore» (M. PICOZZI - A. ZAPPALÀ, *Criminal profiling. Dall'analisi della scena del delitto al profilo psicologico del criminale*, Milano, McGraw-Hill, 2002, 228). Cfr A. OLIVERIO FERRARIS - B. GRAZIOSI, *Pedofilia. Per saperne di più*, Roma - Bari, Laterza, 2004, 39 s. I dati del Censis sono stati richiamati anche in occasione del convegno «Pedofilia e Internet: vecchie ossessioni e nuove crociate» organizzato dai Radicali il 27 ottobre 1998 (cfr *la Repubblica*, on-line, 27 ottobre 1998).

11. I dati si riferiscono al Canada che riscontra un ammontare di reati sessuali, complessivamente considerati, di 90 ogni 100.000 abitanti. Cfr CANADIAN CENTRE FOR JUSTICE STATISTICS, *Sex Offenders*, Ottawa, Statistics Canada Juristat, 1999, 19 (3), Catalogue n. 85-002-XPE. I termini «efobofilia» e «efibilia» usati per indicare la specifica attrazione sessuale verso adolescenti, rispettivamente maschi o femmine, sono stati introdotti da K. Freund (cfr «Experimental analysis of pedophilia», in *Behaviour research and Therapy* 20 [1982] 105-112).

gativamente il comportamento dei bambini rispetto ai non abusanti, anche quando esso rientra nelle norme ordinarie dello sviluppo. Similmente altri studi hanno mostrato che i genitori abusanti hanno attese più irrealistiche circa ciò che dovrebbe essere un comportamento appropriato da parte dei figli. I genitori abusanti tendono a vedere il comportamento dei figli come più stressante dei genitori non abusanti»[12]. Altrettanto problematica può essere una relazione di appiattimento affettivo, legata a una violenza subita o ad un abbandono precoce, specie in alcune fasi delicate dello sviluppo psichico come quelle dello svezzamento, con ricadute problematiche circa la relazione con il proprio corpo e la sconfitta edipica.

I padri non incestuosi avevano invece stabilito con i propri figli una relazione anche tattile, che li rendeva attenti e premurosi nei loro confronti. Così l'elemento focale decisivo è la modalità con cui viene vissuto il ruolo parentale, e la situazione «malata» che si viene a creare; in tal modo il «sistema familiare» padre/madre viene scalzato dal «sottosistema» in cui i figli si trovano a dover assumere, loro malgrado, i ruoli di vice-marito e di vice-moglie: «Sebbene la responsabilità sia sempre individuale, la dinamica psicologica di questo caso può essere compresa considerando i fattori "predisponenti", ossia il distacco della moglie dal coniuge e (precocemente) dalla figlia, il progressivo abbandono dei ruoli coniugali da parte di entrambi i membri della coppia, la trasformazione del ruolo parentale del padre sempre meno genitore e sempre più "compagno" della figlia [...]. La casistica mostra che, in quasi metà dei casi, al verificarsi dell'incesto padre-figlia (o patrigno-figlia) l'armonia della coppia era compromessa e i rapporti coniugali erano sospesi da tempo. L'incesto diventa così un potente regolatore dei problemi della coppia»[13].

Un altro punto assodato dalla ricerca è che il pedofilo è stato spesso vittima a sua volta di abuso, per lo più da un uomo: anche se

12. R. EMERY - L. LAUMANN-BILLINGS, «Child Abuse», in M. RUTTER - E. TAYLOR (eds), *Child and adolescent psychiatry*, Oxford, Blackwell Publishing, 1994, 328 s. Per la ricerca di Seympur e Hilda Parker (riportata da D. GLASER - S. FROSH, *Child sexual abuse*, London, Macmillan, 1988) cfr A. OLIVIERO FERRARIS - B. GRAZIOSI, *Pedofilia*, cit., 91 s.

13. A. OLIVIERO FERRARIS - B. GRAZIOSI, *Pedofilia*, cit., 93-94 e 97.

sposato, non sente di essere amato dalla propria moglie[14]. Per questo va alla ricerca di bambini della medesima età in cui ha subìto violenza, una sorta di *flashback*, di «coazione a ripetere», un tentativo più agito che deciso di ritornare al passato, alla «scena del delitto», per poterla rivivere diversamente, ottenendo un momentaneo sollievo alla propria angoscia. La percentuale degli abusatori che a loro volta erano stati abusati da bambini è quasi tripla rispetto alla media statistica dei reati di questo tipo[15]; una proporzione simile viene rilevata nei comportamenti criminali, insieme a un impressionante aumento di problemi di salute mentale e ad un più alto rischio di comportamenti suicidari. Da qui le profonde e gravi ferite, fisiche, psichiche e cognitive presenti in chi è stato abusato da bambino[16].

Se la gran parte degli abusatori sono stati a loro volta vittime di abusi, anche, ma non solo sessuali (come un ambiente familiare all'insegna della violenza, fisica e verbale, o di mancanza di affetto e comunicazione), non tutti gli abusati diventano a loro volta abusatori. Molto sembra dipendere dall'età, dal contesto in cui è avvenuto l'abuso, se isolato o ripetuto, da parte di sconosciuti o di una figura affettivamente rilevante; infine dipende soprattutto da come il soggetto rilegge le conseguenze del trauma. Se la struttura psichica della vittima è sufficientemente forte ed equilibrata, se presenta la capacità di affrontare e resistere a situazioni gravemente destabilizzanti e stressanti, se soprattutto ha un ambiente familiare in cui può trovare comprensione, o riferirsi a una figura esterna affettivamente significativa, con cui condividere quanto accaduto, egli potrà rielaborarlo, prendendone le distanze. Questo è ciò che in psicologia viene chiamato *resilienza*[17], la capacità di affrontare le difficoltà in

---

14. G. GABBARD, *Psichiatria psicodinamica*, Milano, Cortina, 1995, 316.

15. «Circa il 30% dei molestatori sessuali (*offenders*) hanno subìto a loro volta violenza sessuale quando erano bambini» (P. TAYLOR, «Beyond Myths and Denial. What Church Communities Need to Know About Sexual Abusers», in *America*, April 1 2002, 9).

16. Cfr R. HANSON - S. SLATER, «Sexual victimization in the history of sexual abusers: A review», in *Annals of Sex Research* 1 (1988) 485-500; R. LANGEVIN - P. WRIGHT - L. HANDY, «Characteristics of sex offenders who were sexually victimized as children», ivi 2 (1989) 227-253.

17. La ricerca attuale individua alcune precise componenti, tipiche della resilienza: un umore tendenzialmente ottimista, una buona affiliazione con una figura

modo adattativo; in questo modo l'evento potrà essere «metabolizzato», spezzando il circolo vizioso e mostrando differenti possibilità. Le variabili da considerare sono certamente molte, complesse e diversificate, non è quindi possibile, neppure in questi casi, pensare a un mero rapporto di causa/effetto[18].

La pedofilia tra i preti della Chiesa cattolica

Dal 2001 al 2010 sono stati denunciati alla Congregazione per la Dottrina della Fede circa 3.000 abusi compiuti da preti cattolici negli ultimi 50 anni. Di questi casi, come ricorda mons. Charles J. Scicluna, promotore di giustizia della Congregazione, «nel 60% si tratta più che altro di atti di efebofilia, cioè dovuti ad attrazione sessuale per adolescenti dello stesso sesso, in un altro 30% di rapporti eterosessuali e nel 10% di atti di vera e propria pedofilia, cioè determinati da un'attrazione sessuale per bambini impuberi. I casi di preti accusati di pedofilia vera e propria sono quindi circa trecento in nove anni»[19].

affettivamente significativa (all'insegna cioè del rispetto e della fiducia), sviluppate capacità cognitive, una ricca espressività (cfr J. OLDHAM - A. SKODOL - D. BENDER, *Trattato dei disturbi di personalità*, Milano, Cortina, 2008, 337).

18. In un libro, che presenta una panoramica complessiva degli studi e ricerche compiuti tra il 1965 e il 2000 circa la possibilità che l'abusato possa diventare a sua volta abusatore, risultano significativi i seguenti parametri: «Essere di sesso maschile, essere stato abusato da un parente stretto o da più persone, in modo grave e con l'uso della forza, per lungo tempo e ripetutamente. Più bassa l'età (in particolar modo sotto gli otto anni), più grave l'impatto, e di conseguenza maggiore la probabilità di diventare a propria volta un abusatore». Gli autori parlano tuttavia di «ragionevole probabilità di un evento» e si sentono in dovere di concludere: «Non si deve dimenticare che la realtà è molto più complessa [...]. Rimane da rispondere a una domanda: "Tutti quei parametri sopra riportati hanno un solido potere predittivo?"» (A. SALVATORI - S. SALVATORI, *L'abuso sessuale al minore e il danno psichico*, cit., 188 s).

19. G. CARDINALE, «Chiesa rigorosa sulla pedofilia», intervista a mons. Ch. Scicluna, in *Avvenire*, 13 marzo 2010, 5. La maggioranza dei casi segnalati giunge soprattutto dagli Stati Uniti, «che per gli anni 2003-2004 rappresentavano circa l'80% del totale di casi. Per il 2009 la percentuale statunitense è scesa a circa il 25% dei 223 nuovi casi segnalati da tutto il mondo. Negli ultimi anni (2007-2009), infatti, la media annuale dei casi segnalati alla Congregazione da tutto il mondo è stata proprio di 250 casi. Molti Paesi segnalano soltanto uno o due casi. Cresce quindi la diversità e il numero dei Paesi di provenienza dei casi ma il fenomeno è assai ridotto. Bisogna ricordare infatti che il numero complessivo di sacerdoti diocesani e religiosi

Analizzando i dati, si ritrovano diversi degli elementi riscontrati sinora. Una ricerca su 36 sacerdoti abusatori, di cui il 69% cattolici, mostrava che per la stragrande maggioranza le vittime erano maschi minori (83%), per il 19% femmine minori e per il 3% ambedue. Gli abusati erano per quasi la metà (48%) inferiori ai 14 anni[20]. Un altro elemento comune è che la maggior parte degli abusatori avevano a loro volta subito abusi[21]. Nella diocesi di Boston, una delle più segnate dalle accuse di pedofilia, il numero di sacerdoti accusati, prima dunque dell'accertamento della loro effettiva colpevolezza, si aggirava intorno al 2% della totalità dei preti cattolici della diocesi[22].

Perché dunque le notizie di questi ultimi mesi hanno parlato quasi esclusivamente dei casi accaduti all'interno della Chiesa cattolica, pur costituendo poco più del 3% della totalità dei casi denun-

nel mondo è di 400.000. Questo dato statistico non corrisponde alla percezione che si crea quando questi casi così tristi occupano le prime pagine dei giornali» (ivi).

20. Cfr R. Lanvengin, «Who Engages in Sexual Behaviour with Children? Are Clergy Who Commit Sexual Offences Different from Other Sex Offenders?», in K. Hanson - F. Pfäfflin - M. Lütz (eds), *Sexual Abuse in the Catholic Church*, cit., 39; cfr Id., «The clergy and sexual offenses: Examining facets of past offenses and possible future preventive change», Lecture presented at Victimization for Children and Youth: An International Conference, New Hampshire, Portsmouth, 2002.

21. Nel centro *S. Luke*, in Silver Spring (Maryland - Usa), mirante al recupero di sacerdoti affetti da gravi problemi, tra i quali gli abusi sessuali, i 2/3 dei preti accusati di molestie erano stati a loro volta molestati (cfr S. Rossetti, «Some Red Flags for Child Sexual Abuse», cit., 9; C. Bryant, «Psychological treatment of Priest Sex Offenders», in *America*, 1° aprile 2002, 14-17).

22. L'indagine compiuta dalla Congregazione per il Clero rileva come la percentuale di coloro che sono stati accusati di abuso sessuale tra il clero si aggira intorno all'1% del totale (cfr Ch. Scicluna, «Sexual Abuse of Children and Young People by Catholic Priests and Religious: Description of the Problem from a Church Perspective», in K. Hanson - F. Pfäfflin - M. Lütz [eds], *Sexual Abuse in the Catholic Church*, cit., 23). Dati pressoché identici sono stati riportati in un precedente articolo: «Nell'arcidiocesi di Boston negli ultimi 50 anni hanno operato circa 3.000 sacerdoti e negli stessi anni circa 60 preti sono stati accusati di abusi sessuali, ossia circa il 2%. Così pure nell'arcidiocesi di Filadelfia, a partire dal 1950, hanno prestato servizio 2.154 preti e nello stesso periodo sono stati avanzate "prove credibili" contro 35 di essi, ossia l'1,4%. Una percentuale leggermente superiore a quest'ultima si riscontra nell'arcidiocesi di Chicago: negli ultimi 40 anni, su 2.200 sacerdoti in servizio pastorale sono state inoltrate rimostranze contro circa 40 preti, ossia l'1,8% dei sacerdoti» (G. Marchesi, «La Chiesa cattolica negli Stati Uniti scossa dallo scandalo della pedofilia», cit., 481).

ciati[23]? Una risposta può venire dal particolare significato che riveste la figura del prete, in sede religiosa, educativa e morale. Un simile delitto, anche se più raro, desta giustamente maggiore scalpore e indignazione e pone pesanti obiezioni circa la credibilità del suo ministero e, data la caratteristica essenzialmente simbolica della sua figura, della credibilità del prete *qua talis*[24]. Si possono tuttavia individuare anche altre motivazioni, espresse del resto in modo esplicito da alcuni quotidiani e periodici. È indubbio che la posizione della Chiesa in tema di morale e sessualità non è condivisa da molti, che ne temono l'influenza sulla gente e vorrebbero metterla a tacere, screditandola. L'insistenza quasi univoca data ai crimini da parte di alcuni preti cattolici significa insinuare che anche la dottrina da loro rappresentata non ha alcun valore e deve essere annullata[25].

Di fronte a questi fatti molti chiedono che i sacerdoti cattolici colpevoli di pedofilia, oltre alla condanna, vengano ridotti allo stato laicale, accusando il Vaticano di non aver proceduto in tal senso.

23. «Negli Usa, nel 1988 ci sono state 2 milioni e 178 mila denunce di violenze contro i minori, praticamente il 3 per cento di tutti i bambini del Paese. Secondo alcune statistiche recenti, una ragazza su tre e un giovane su sette subiscono violenze sessuali prima di diventare maggiorenni» (*la Repubblica*, 24 agosto 1989, 16). Situazione simile in Gran Bretagna: negli anni 1987-89, 2.000 bambini sarebbero stati oggetto di violenza sessuale da parte di appartenenti a circa 200 gruppi di organizzazioni pedofile (cfr ivi, 20 ottobre 1990, 20). Secondo i dati forniti dal Governo austriaco, su 527 denunce pervenute per casi di abuso sessuale 17 riguardavano religiosi (cfr *Il Foglio*, 16 marzo 2010, 2). In Germania, secondo il criminologo C. Pfeiffer i sacerdoti coinvolti variano tra lo 0,1% e lo 0,3% (cfr *Süddeutsche Zeitung*, 15 marzo 2010; http://www.liborius.de/nachrichten/ansicht/artikel/pfeiffer-ki.html 16.03.2010).

24. Cfr la testimonianza di un prete statunitense in proposito: «Adesso, anche se solo il 4% dei preti è accusato di abusi, tutti i preti sono sospetti agli occhi del pubblico. Questo significa che il solo fatto di indossare un collare rende sospetti» (J. Martin, «Come è stato possibile? Per un'analisi dello scandalo degli abusi sessuali nella Chiesa cattolica», in M. Frawley-O'Dea - V. Goldner [eds], *Atti impuri. La piaga dell'abuso sessuale nella Chiesa Cattolica*, Milano, Cortina, 2009, 169).

25. «Fino a che la Chiesa cattolica non avrà affrontato la questione del posto della sessualità nel suo concetto di persona umana, difficilmente riuscirà a contenere il ripresentarsi non occasionale dei fenomeni di abusi sessuali. Nel frattempo, sarebbero opportune maggiore cautela e autocritica nel presentarsi come *magistra vitae* e nel dare lezioni sulla "buona sessualità", la "buona famiglia" e la "giusta identità di genere"» (C. Saraceno «La chiesa e l'educazione», in *la Repubblica*, 14 marzo 2010, 31).

Certo, questa può anche essere una procedura doverosa, prevista dal Codice di Diritto Canonico[26], ma non è detto che sia la cosa migliore per le potenziali vittime, i bambini, e per lo stesso abusatore, che spesso ritorna in società senza alcun controllo e, lasciato a se stesso, torna a commettere abusi. Questo è stato il caso di James Porter, sacerdote della diocesi di Fall River (Massachusetts): una volta dimesso, non fu affatto perseguito dalle autorità civili, si sposò e poco dopo venne incriminato per le molestie commesse verso la *baby sitter* dei suoi figli[27].

L'importanza di una formazione integrata

Di fronte agli abusi compiuti da sacerdoti cattolici ci si è chiesto come sia stato possibile che queste persone fossero giunte all'ordinazione o alla professione religiosa. In realtà resta molto difficile a tutt'oggi individuare con precisione un futuro potenziale pedofilo: troppi elementi restano oscuri e richiedono ulteriori studi e ricerche. Spesso lo si rileva soltanto dopo che si è verificato e accertato un caso di abuso.

Va anche aggiunto che chi è affetto da parafilie e da altri disturbi clinici, come appunto la pedofilia, non sempre chiede di entrare in seminario o nella vita religiosa per cercare potenziali vittime; molti sono tormentati da queste inclinazioni e vedono nel sacramento dell'ordine o nella consacrazione una sorta di magica guarigione. Ben presto però il pensiero magico si scontra con la realtà, con conseguenze tragiche, come emerge dall'esperienza di chi si è occupato di queste tristi storie: «I candidati che credono che un impegno verso una vita celibe li aiuterà a buttarsi alle spalle le loro difficoltà sessuali sono ossessionati dal problema. Quanti abusatori su bambini mi hanno detto che pensavano che nel ministero, nel celibato le loro battaglie sessuali avrebbero trovato un riparo! Molti di loro non hanno avuto problemi per i primi dieci o quindici anni di ministe-

---

26. Cfr CODICE DI DIRITTO CANONICO, cann. 695; 729; 746; 1395.
27. S. ROSSETTI, «The Catholic Church and Child Abuse», in *America*, 22 aprile 2002, 13.

ro. Prima o poi, comunque un problema irrisolto nell'area sessuale emergerà»[28].

Da queste tristi vicende si possono comunque ricavare alcuni preziosi insegnamenti:

1) Lo scandalo degli abusi è doloroso, ma necessario e importante, forse anche purificante, per i pastori e per coloro che si preparano a diventarlo. Molte vittime possono dopo tanti anni comunicare finalmente il loro dramma, il dolore, le angosce, la rabbia e la vergogna, e possono così aprirsi alla possibilità di una maggiore riconciliazione. Certo nessun processo o risarcimento potrà mai sanare queste ferite devastanti. Alcuni gesti possono però risultare ugualmente importanti. Per questo è di grande valore e significato la decisione di accogliere e ascoltare le vittime degli abusi, come ha più volte fatto Benedetto XVI.

2) È importante che la Chiesa riconosca la gravità di quanto accaduto, non soltanto punendo gli abusatori, ma soprattutto chiedendosi quali preti vuole avere e come fare per formarli in modo sano, rendendoli idonei ad essere apostoli, capaci di chinarsi sulle ferite e le sofferenze delle persone a loro affidate. Ciò richiede di saper scegliere con cura e attenzione i possibili candidati e accompagnarli in modo adatto affinché possano vivere il celibato. È anche necessario affrontare la sfida spirituale sottostante: che cosa sta al centro della fede?

3) La Chiesa, quando comunica con sollecitudine e trasparenza il suo rammarico per le vittime, il suo impegno per l'aiuto terapeutico e la sua disponibilità a collaborare con le autorità civili, può aiutare a una maggiore chiarezza e ragionevolezza nella discussione pubblica (cfr il procedimento seguito nelle arcidiocesi di Monaco, Colonia e Bolzano dove i vescovi hanno assunto un atteggiamento che si po-

---

28. ID., «Some Red Flags for Child Sexual Abuse», cit., 11. Stessa conclusione giunge da un altro studio clinico: «Per alcuni di questi uomini che hanno infine intrapreso la strada del sacerdozio – per quanto sinceri possano essere stati il loro coinvolgimento e la loro vocazione – il fatto di aderire alla regola dell'astinenza sessuale ha costituito parte del tentativo di risolvere i loro conflitti. Chiaramente, i sacerdoti che hanno realizzato le loro fantasie e i loro desideri efebofili hanno fallito nei loro sforzi» (G. KOCHANSKY - M. COHEN, «Sessualizzazione dei minori», in M. FRAWLEY-O'DEA - V. GOLDNER [eds], *Atti impuri*, cit., 59).

trebbe definire «proattivo», cioè preventivamente collaborativo nei confronti delle autorità e dei media).

4) Celibato e pedofilia non sono connessi in modo causale. Ciò è mostrato, come abbiamo detto, dal fatto che coloro che hanno compiuto atti di pedofilia sono per lo più sposati e con figli; anche coloro tra i sacerdoti che si sono macchiati di simili atti non vivevano nella castità[29].

5) Un altro insegnamento, più generale, legato a questa tristissima vicenda è che i preti prendano maggiore consapevolezza del ruolo pubblico che sono chiamati comunque a svolgere, e le ripercussioni delle loro scelte, così come delle loro opinioni e giudizi.

Premesso questo va senz'altro aggiunto che tale dolorosa vicenda richiede un attento *screening*, nonché una preparazione adeguata, da parte di formatori e superiori che hanno la responsabilità di coloro che chiedono di diventare religiosi o sacerdoti, poiché tale richiesta può essere la copertura di difficoltà gravi nell'area della sessualità e della personalità in genere. Si tratta di conoscere il candidato anche nella sua dimensione umana, specialmente nell'area affettiva e sessuale. Più in generale, dal punto di vista delle scienze umane, si tratta di verificare la maturità affettiva e il generale equilibrio e la padronanza dei propri impulsi, requisiti fondamentali per l'uomo di Dio, come i documenti della Chiesa, anche recenti, hanno più volte ricordato[30].

29.   «La ricorrenza del fenomeno della pedofilia tra i ministri di culto nelle comunità protestanti negli Stati Uniti (mormoni, battisti, metodisti ed episcopaliani), come anche tra ortodossi, ebrei e musulmani sarebbe tra il 2 e il 5%, un dato allarmante, ma ancora inferiore alla percentuale della popolazione adulta nel suo complesso, dove il ricorso alla pedofilia si aggirerebbe sull'8%» (G. MARCHESI, «La Chiesa cattolica negli Stati Uniti scossa dallo scandalo della pedofilia», cit., 482).

30.   Cfr, ad esempio, CONCILIO VATICANO II, Decreto *Perfectae caritatis*, 28 ottobre 1965, n. 12; PAOLO VI, Lettera enciclica *Sacerdotalis coelibatus*, 24 giugno 1967, nn. 60–64; GIOVANNI PAOLO II, Esortazione apostolica post-sinodale *Pastores dabo vobis*, 25 marzo 1992, n. 43; ID., Esortazione apostolica post-sinodale *Vita consecrata*, 25 marzo 1996, n. 65 s.; CODICE DI DIRITTO CANONICO, cann. 642, 1029; CONGREGAZIONE PER GLI ISTITUTI DI VITA CONSACRATA E LE SOCIETÀ DI VITA APOSTOLICA, *La vita fraterna in comunità*, 2 febbraio 1994, n. 37; ID., *Potissimum institutioni*, 2 febbraio 1990, n. 43; PONTIFICIA OPERA PER LE VOCAZIONI ECCLESIASTICHE, *Nuove Vocazioni per una nuova Europa*, 6 gennaio 1998, n. 37; CONGREGAZIONE PER L'EDUCAZIONE CATTOLICA, *Orientamenti per l'utilizzo delle competenze psicologiche nell'ammissione e nella formazione dei candidati al sacerdozio*, 29 giugno 2008.

Da qui l'importanza di un incontro tra intelletto, affetti e volontà a proposito dell'esperienza di fede, secondo ciò che Giovanni Paolo II indicava come caratteristica fondamentale del sacerdote formato: «La promessa di Dio è di assicurare alla Chiesa non pastori qualunque, ma pastori "secondo il suo cuore". Il "cuore" di Dio si è rivelato a noi pienamente nel cuore di Cristo buon Pastore. [...]. La gente ha bisogno di uscire dall'anonimato e dalla paura, ha bisogno di essere conosciuta e chiamata per nome, di camminare sicura sui sentieri della vita, di essere ritrovata se perduta, di essere amata, di ricevere la salvezza come supremo dono dell'amore di Dio: proprio questo fa Gesù, il buon Pastore»[31]. In tale ritratto appassionato dell'ideale, proprio dell'uomo di Dio, un indubbio segno di onestà e rettitudine può consistere nel riconoscere e lavorare con umiltà e desiderio di crescita su eventuali ostacoli che rendono più difficile la libera risposta a una tale chiamata. E questo è appunto il compito di una formazione integrata.

---

31. GIOVANNI PAOLO II, Esortazione apostolica post-sinodale *Pastores dabo vobis*, cit., n. 82.

CONTRASTARE LA CULTURA
DELLA PEDOFILIA

Giovanni Cucci S.I. - Hans Zollner S.I.

In un precedente articolo[1] si è cercato di delineare le caratteristiche e la personalità propria di chi compie atti di pedofilia, in generale e più specificamente nell'ambito del clero della Chiesa cattolica. Si è notata la complessità della situazione e la difficoltà di giungere a conclusioni certe, specie in sede prognostica e terapeutica. Tale difficoltà getta a sua volta nuova luce sulla modalità e sull'ambiguità con cui spesso il tema è divenuto oggetto di esame.

Uno strano silenzio

In questa situazione di abusi e scandali senza fine, si nota tuttavia anche uno strano silenzio, da parte proprio di chi, più di ogni altro, avrebbe la competenza per parlare: è il silenzio di chi opera nel mondo dell'educazione e ha più di altri esperienza di relazione con i bambini (genitori, insegnanti, allenatori sportivi, animatori di comunità, sacerdoti) e di chi, in quanto esperto, è chiamato a fornire un commento appropriato circa il problema della pedofilia, come gli psicologi, gli psichiatri, gli psicoterapeuti. Proprio su questo fronte si nota una mancanza di interventi pressoché totale, non solo a livello di opinioni, dichiarazioni, interviste, ma anche in sede di trattazione pubblicistica. In linea con la prospettiva del presente articolo, ci si limita a considerare l'aspetto della ricerca psicologica.

---

1. Cfr G. CUCCI - H. ZOLLNER, «Osservazioni psicologiche sul problema della pedofilia», in *Civ. Catt.* 2010 II 211-222.

Diversi psicologi e psichiatri hanno anzitutto contestato l'affidabilità diagnostica del DSM IV (e IV-TR)[2], in particolare circa i criteri di classificazione della pedofilia: perché, ad esempio, la durata delle fantasie sessuali dev'essere di sei mesi? Quali ricerche la supportano? Lo stesso dicasi per l'età, la frequenza e i tempi di diagnosi. Non migliore risulta l'apporto del precedente DSM–III, i cui dati furono espunti dalle successive edizioni, riducendosi però a un elenco di termini così vaghi e generici da pregiudicare qualunque pretesa «scientificità»: mancando un adeguato supporto di ricerca, il DSM risulta inutile per lo psicologo e per il terapista[3].

Anche la proposta di focalizzarsi su criteri meramente comportamentali non sembra fornire un aiuto maggiore: «Attenersi strettamente al comportamento, così che un singolo atto sessuale con un bambino costituirebbe una sufficiente evidenza per la diagnosi di "disturbo di risposta pedofila", è problematico: esso rimuove l'importante distinzione tra individui che sessualmente preferiscono bambini ma non ne hanno mai molestato uno, e coloro che hanno commesso un abuso verso un bambino ma sessualmente preferiscono un adulto»[4].

Queste difficoltà non sono di poco conto in vista della diagnosi e soprattutto della prognosi in sede terapeutica. Nonostante la scarsità dei contributi, man mano che la si studia, la psicodinamica pedofila sembra mostrarsi sempre più invasiva e preoccupante: i soggetti non riconoscono il problema, sono molto resistenti alle terapie, sembra soprattutto mancare la percezione stessa della gravità degli atti compiuti, e la loro dolorosa vicenda si conclude non di rado con il suicidio. È forse anche per colmare queste lacune che la quinta edizione del DSM, attesa per il 2013, contrariamente alle precedenti edizioni (in cui la pedofilia non era considerata un disturbo mentale) vorreb-

---

2. Si tratta del *Manuale Diagnostico e Statistico dei Disturbi Mentali* (DSM IV-Tr), pubblicato nel 2000 dall'Associazione Psichiatrica Americana (APA), seguendo le precedenti edizioni del 1994 e del 1987 (DSM IV; DSM III-R).

3. Cfr W. O'Donoque - L. Regev - A. Hagstrom, «Problems with the DSM-IV diagnosis of pedophilia», in *Sexual Abuse: A Journal of Research and Treatment* 12 (2000) n. 2, 95–105.

4. J. Camillieri - V. Quinsey, «Pedophilia. Assessment and Treatment», in R. Laws - W. O'Donoque (eds), *Sexual Deviance. Theory, Assessment, and Treatment*, New York - London, Guilford Press, 2008, 184.

be accentuare l'aspetto medico-psichiatrico di questo e di altri comportamenti legati al controllo delle pulsioni sessuali, con evidenti conseguenze dal punto di vista legale: «C'è da aspettarsi, ed è già iniziata, una pesantissima polemica, una ridefinizione della pedofilia come disturbo pedoebefilico, che medicalizza comportamenti socialmente giudicati immorali e criminali»[5]. Alcune ricerche vedrebbero infatti una relazione significativa tra danno cerebrale e comportamento pedofilo, pur senza mai sostenere un semplice rapporto di causa effetto[6]. A rendere più complicato il quadro si aggiunge il gran numero di categorie e classificazioni possibili, per non parlare delle molteplici eziologie, legate a comportamenti che possono rientrare sotto le categorie «pedofilia», «parafilie», «perversioni», «pederastia», «efebofilia». In tal modo, chi vorrebbe una descrizione precisa della dinamica psicologica sottesa a questo comportamento finisce col ritrovarsi con le idee più confuse di prima.

Uno studio condotto in proposito dal punto di vista psicopatologico concludeva la sua ricerca in modo piuttosto sconsolato: «La pedofilia può esprimersi come forma di attrazione sublimata verso i bambini (da parte di educatori e insegnanti in specie); come

5. G. CORBELLINI, «Disturbi mentali, il catalogo è questo», in *Il Sole 24 Ore-Domenica*, 21 marzo 2010, 49.

6. «Ray Blanchard e colleghi dell'Università di Toronto, confrontando le anamnesi di 400 pedofili con quelle di 800 non-pedofili, hanno rilevato che i primi avevano un tasso molto più alto di incidenti traumatici con perdita della coscienza prima dei sei anni di età. Nello studio, gli incidenti erano anche associati a un più basso livello di prestazioni intellettive e ad un minore grado di istruzione. Gli stessi autori notano che il loro lavoro non dimostra un nesso di causalità fra le lesioni traumatiche e lo sviluppo della pedofilia» (G. PERELLA - I. FLORIANI, «La ricerca sulla pedofilia», in *BrainMindlife*, luglio 2009, in www.brainmindlife.org). Dati simili in un'altra ricerca: «C'è consistente evidenza che la pedofilia è un disturbo dello sviluppo neurologico, basato su test neuropsicologici, la storia dell'educazione, eventi di danni cerebrali e della struttura neuroimmaginifica. Le questioni più gravi riguardano le cause di tali perturbazioni dello sviluppo neurologico e perché esse si manifestano come pedofilia e non sotto qualche altra parafilia» (M. SETO, «Pedophilia. Psychopathology and Theory», in R. LAWS - W. O'DONOQUE [eds], *Sexual Deviance*, cit., 175). Langevin, su un campione di 203 abusatori, nota come il 23,2% presentasse anche una situazione di ritardo mentale (R. LANGEVIN, «Who Engages in Sexual Behaviour with Children? Are Clergy Who Commit Sexual Offences Different from Other Sex Offenders?», in K. HANSON - F. PFÄFFLIN - M. LÜTZ [eds], *Sexual Abuse in the Catholic Church. Scientific and Legal Perspectives*, Città del Vaticano, Libr. Ed. Vaticana, 2004, 36 s).

attività propriamente sessuale avente per oggetto soggetti prepuberi (la pederastia che va dalla violenza sessuale fino all'omicidio); come semplice esibizionismo, voyeurismo o seduzione; come sintomo di disturbi psicologici o psicopatologici variamente connotati [...]; come espressione di aspetti di una determinata cultura in un particolare momento storico (gli esempi dell'antica Grecia insegnano). Esiste poi una congerie di teorie che vedono nella pedofilia una costruzione sociale, una espressione di apprendimento sessuale, una distorsione cognitiva, il frutto di un'anomalia biologica e così via. Di fronte a tale confusione tanto varrebbe eliminare questo termine dal vocabolario tecnico, giuridico, sociale e culturale e parlare più semplicemente di violenza sessuale contro i minori»[7].

Un altro piccolo *test* può essere significativo per cogliere la complessità e la mancanza di certezze in merito. Si consultino, ad esempio, i principali dizionari ed enciclopedie psicologiche alle voci «pedofilia» e «pederastia». Già la mera formulazione della ricerca pone problemi non indifferenti: si tratta della stessa cosa o siamo di fronte a fenomeni psichicamente differenti? Perché sì o perché no? Gli autori presentano una significativa molteplicità di definizioni in proposito, non di rado approssimate e tra loro antitetiche[8].

---

7.   S. Coda - U. Fornari, «La personalità del pedofilo», in T. Bandini - B. Gualco (eds), *Infanzia e abuso sessuale*, Milano, Giuffrè, 2000, 243. Cfr anche quanto si osserva più avanti: «I dati della letteratura, a nostro modo di vedere, sono carenti per quanto si riferisce alla costruzione dell'*identikit* di soggetti che finiscono con il nascondersi dietro questo concetto dai confini così incerti da non poter essere utilizzato nella clinica» (ivi, 265; cfr anche C. Balier, *Psicoanalisi dei comportamenti sessuali violenti*, Torino, Centro Scientifico Editore, 1998).

8.   U. Galimberti, in un articolo — «Ma non chiamatela pedofilia», in *la Repubblica*, 10 giugno 1997, 1 — di alcuni anni fa tracciava un bilancio significativo della trattazione psicologica di queste voci: «Al *Nuovo dizionario di sessuologia* della Longanesi dobbiamo essere in qualche modo grati perché nelle sue 1.370 pagine dedicate alla sessualità concede una trentina di righe in colonna alla pederastia. La ignorano completamente il *Dizionario di psicologia* dell'editore Laterza (1.168 pagine), il *Trattato di psicoanalisi* di Musatti (828 pagine, Boringhieri), il *Manuale di psichiatria* di Silvano Arieti (pagine 2.368, Boringhieri). La diluiscono nella pedofilia a cui dedicano poche righe il *Trattato di psicoanalisi* di Alberto Semi (1.903 pagine, Cortina), il *Dizionario di psicologia* di Dalla Volta (995 pagine, Giunti Barbera), l'*Enciclopedia psichiatrica* della Roche (381 pagine). Vi dedica una colonna e mezza il *Lessico di psichiatria* di Christian Muller (pagine 661, editore Piccin) dove si dice che a questa pratica si dedicano: "Persone dall'età compresa tra i 15 e i 30 anni in condi-

Non parliamo della voce «efebofilia», che pur rappresenta la stragrande maggioranza dei casi denunciati. Eppure questa differenza è necessaria per caratterizzare la specificità dell'abuso, la psicodinamica sottostante e soprattutto per l'intervento terapeutico[9]. Per questo lo stesso Galimberti, al termine della sua rassegna delle diverse e contrastanti presentazioni psicologiche del tema, commenta in modo significativo: «È praticamente impossibile farsi un'idea del fenomeno, prender posizione e stabilire interventi, se questo è lo stato delle conoscenze e il livello di confusione proprio là dove a parlare è il "sapere" e non il "sentito dire"»[10]. Si tratta di un contrasto significativo, unito al fatto che quasi nessuno degli autori citati ha fatto sentire la sua voce dalle colonne dei giornali, dai *talk show* o dagli studi televisivi di questi mesi.

D'altra parte, non si può non rilevare, per contrasto, l'abbondanza dei «sentito dire», per riprendere Galimberti, la facilità con cui persone senza competenza si sono prodigate in giudizi, analisi, commenti, prescrizioni. I molti e infuocati dibattiti quasi mai hanno indagato le possibili cause e, soprattutto, la prevenzione e gli aiuti possibili nei confronti delle vittime della pedofilia (non dimenti-

---

zioni di emergenza sessuale, nonché psicopatici o nevrotici sessuali, oligofrenici, alcolizzati cronici, drogati o affetti da forme cerebrali organiche diffuse o focali". Non molto meglio si è comportato il sottoscritto nel suo *Dizionario di psicologia* (1.022 pagine, Utet) che ha dedicato alla pederastia due righe e alla pedofilia quattordici».

Questa sobrietà traspare anche da altre opere, al punto che l'elenco potrebbe essere indefinitamente esteso: otto righe sono dedicate alla voce «pedofilia» nel *The Penguin Dictionary of Psychology* di A. Reber; sei righe nel più recente *Oxford Dictionary of Psychology* di A. Colman del 2006; viene di fatto associata alla perversione nell'*Enciclopedia della psicoanalisi* di J. Laplanche e J. B. Pontalis, mentre risulta del tutto assente nel pur ampio e recente *Trattato dei disturbi di personalità* di J. Oldham, A. Skodol, D. Bender (Cortina, 2008, 1.137 pagine), nonostante vi si trovino diversi disturbi dell'Asse I, e ne *La diagnosi in psicologia clinica* di N. Dazzi, V. Lingiardi, F. Gazzillo (Cortina, 2009).

9. «I tratti psicodinamici e caratteriali degli efebofili sono piuttosto diversi da quelli dei pedofili [...]. Il tipico efebofilo, con l'eccezione dei casi di perversione, è una persona relativamente sana. Non è uno psicotico. E benché possa avere alcune difficoltà a stabilire relazioni strette e intime, e possa quindi essere in qualche modo asociale, non è antisociale in senso psicopatologico» (G. KOCHANSKY - M. COHEN, «Sessualizzazione dei minori», in M. FRAWLEY-O'DEA - V. GOLDNER [eds]), *Atti impuri. La piaga dell'abuso sessuale nella Chiesa Cattolica*, Milano, Cortina, 2009, 44.59).

10. U. GALIMBERTI, «Ma non chiamatela pedofilia», cit., 1.

cando che spesso gli stessi offensori lo sono stati). Ci si è piuttosto concentrati su aspetti del tutto marginali, vedendo nel celibato ecclesiastico la causa della pedofilia, mentre si è visto ampiamente che ciò non ha nulla a che fare con la problematica pedofila ed efebofilica: «La verità è che tutte le istituzioni che hanno a che fare con bambini e giovani attirano persone che cercano un contatto illecito con i minori. Ciò vale per le associazioni sportive, per le strutture di assistenza ai giovani e naturalmente anche per le Chiese. Uno dei principali esperti in Germania, Hans-Ludwig Kröber, non trova nessuna indicazione di una maggiore frequenza di casi di pedofilia tra gli insegnanti celibi rispetto agli altri»[11].

Questa maniera di fare informazione non aiuta certamente a fare chiarezza sulla pedofilia, sulla cultura che l'ha incoraggiata e diffusa e sulle possibili modalità di fronteggiarla. In tal modo si finisce per creare quello che in sede sociologica viene chiamato «panico morale». Esso si basa su due elementi: *1)* presenta come novità o in crescita avvenimenti ugualmente presenti nel passato, come è purtroppo il caso della pedofilia; *2)* non se ne mostra la reale distribuzione statistica. In questo modo si tende a fornire un'immagine distorta delle dimensioni dell'accadimento: «I "panici morali" non fanno bene a nessuno. Distorcono la percezione dei problemi e compromettono l'efficacia delle misure che dovrebbero risolverli. A una cattiva analisi non può che seguire un cattivo intervento [...]. In una serie di pregevoli studi Ph. Jenkins ha mostrato come la questione dei preti pedofili sia forse l'esempio più tipico di un "panico morale". Se si paragona la Chiesa cattolica degli Stati Uniti alle principali denominazioni protestanti si scopre che la presenza di pedofili è — a seconda delle denominazioni — da due a 10 volte più alta tra i pastori protestanti rispetto ai preti cattolici. La questione è rilevante perché mostra che il problema non è il celibato: la maggior parte dei pastori protestanti è sposata. Nello stesso periodo in cui un centinaio di sacerdoti americani era condannato per abusi sessuali su minori, il numero di professori di ginnastica e allenatori di squadre sportive giovanili — anche questi in grande maggioranza sposati — giudicato colpevole dello stesso reato dai tribunali statunitensi sfiorava i sei-

11. M. M. Lütz, «La Chiesa e i bambini», in *Oss. Rom.*, 17 febbraio 2010, 4.

mila. Gli esempi potrebbero continuare, e non solo negli Stati Uniti. Soprattutto, stando ai periodici rapporti dell'Amministrazione americana, due terzi circa delle molestie sessuali su minori non vengono da estranei o da educatori — preti e pastori protestanti compresi —, ma da familiari: patrigni, zii, cugini, fratelli e purtroppo anche genitori. Dati simili esistono per numerosi altri Paesi»[12].

Certo, tutto ciò non fornisce alcuna scusante circa la gravità dei reati commessi dai preti cattolici, e questa cosa va ribadita a scanso di equivoci. Creare tuttavia un clima di panico morale non aiuta certamente a fare chiarezza sul problema, né tantomeno a proteggere i bambini. C'è da chiedersi, dopo questa bufera mediatica, che cosa resterà di tutto questo. Di certo non si sarà compreso più a fondo il dramma della pedofilia.

Contrastare la cultura pedofila

La varietà e confusione di vedute possibili circa il problema della pedofilia, oltre che in sede di ricerca psicologica, è altrettanto evidente in sede di opinione pubblica, oscillante tra la criminalizzazione e la liberalizzazione dei comportamenti legati alla pedofilia. Il tema delle perversioni, anche estreme, di cui la pedofilia è soltanto un aspetto, spesso non ha potuto trovare una ricerca e una trattazione adeguate perché considerate espressione di libertà sessuale, da difendere contro possibili «repressioni» e «discriminazioni», uno slogan purtroppo accolto ampiamente e in modo acritico in questi decenni.

Il clima culturale degli anni Settanta e Ottanta ha più volte cercato di giustificare pubblicamente la pedofilia, senza incontrare opposizioni o critiche; esse sono state per lo più tranquillamente accettate. In Germania, ora al centro di inchieste e processi, nel corso di quei decenni si è ampiamente favorito e incoraggiato il comportamento pedofilo: «Nel 1969, prima di congedarsi per entrare nella *Rote Armee Fraktion*, Jan Carl Raspe nel suo *Kursbuch* elogiò la Comune

---

12. Cfr M. INTROVIGNE, «Cosa c'è dietro gli scandali?», in *Avvenire*, 18 marzo 2010, 31. Cfr PH. JENKINS, *Moral Panic: Changing Concepts of the Child Molester in Modern America*, London, Yale University Press, 1998.

II, dove gli adulti spinsero i bambini, nonostante la loro resistenza, a tentativi di rapporti sessuali. Tra i *Grüne* (Verdi), nel 1985 vi fu la richiesta di decriminalizzare il sesso con i bambini, e nel 1989, la casa editrice *Deutscher Ärtzte-Verlag* pubblicò un libro che chiedeva apertamente che venissero permessi i contatti pedosessuali. All'epoca si combatteva in particolare la morale sessuale cattolica in quanto ostacolo repressivo alla "emancipazione della sessualità infantile"»[13].

Anche in Italia non è mancato il tentativo di legalizzazione politica della pedofilia. G. Giusti, gestore di un *network* internazionale di diffusione pedopornografica via internet, all'indomani del suo arresto difendeva così il suo operato: «La nostra battaglia è come quella antiproibizionista. Chiediamo libertà di espressione per chi crede sia giusto amare i fanciulli. La nostra linea culturale, quando non c'è violenza, né sfruttamento, né prostituzione, va rispettata. Mettendoci in carcere fate di noi dei perseguitati [...]. Quando non c'è violenza, quando il bambino è consenziente, l'attenzione dell'adulto e il rapporto tra i due vanno considerati leciti»[14].

Questa posizione è stata assunta ufficialmente a livello politico dal Partito Radicale italiano, che ha pubblicato nel 1998 un documento dal titolo: *Pedofilia e internet: vecchie ossessioni e nuove crociate*, in cui manifestava la propria contrarietà alla promulgazione della legge n. 269[15]. In quel documento, fra le altre cose, si afferma: «In uno Stato di diritto essere pedofili, proclamarsi tali o anche sostenerne la legittimità non può essere considerato reato; la pedofilia, come qualsiasi altra preferenza sessuale, diventa reato nel momento in cui danneggia altre persone»[16]. Questo documento è divenuto anche oggetto di un Convegno, organizzato sempre dal Partito Radicale il 27 ottobre 1998 nei locali del Senato, con il medesimo titolo («Pedofilia e internet: vecchie ossessioni e nuove crociate»). A.

---

13.   M. Lütz, «La Chiesa e i bambini», cit., 4.

14.   *Corriere della Sera*, 8 settembre 1998, 17.

15.   «Norme contro lo sfruttamento della prostituzione, della pornografia, del turismo sessuale in danno di minori, quali nuove forme di riduzione in schiavitù», Legge del 3 agosto 1998, n. 269, in *Gazzetta Ufficiale* n. 185, 10 agosto 1998, 3-9.

16.   «Pedofilia e internet: vecchie ossessioni e nuove crociate», in A. Oliviero Ferraris - B. Graziosi, *Pedofilia. Per saperne di più*, Roma - Bari, Laterza, 2004, 230.

Manna, docente di Diritto penale all'Università di Bari, dichiarò in quell'occasione: «Non si possono colpire i diritti nel nome della tutela dei minori. Con questa legge bacchettona si fruga nelle case, si viola la privacy»[17].

Anche in tempi più recenti continuano a emergere strane e significative ambiguità, comunque accettate e tollerate. Nel contesto dei fatti al centro delle cronache di questi anni, desta per lo meno stupore la presenza ufficiale e legalizzata di un partito pedofilo, costituito in Olanda nel 2006. Il suo manifesto di propaganda è all'insegna del libertarismo totale: «Il programma del Pnvd propone la soppressione della funzione del premier, la libertà di circolare nudi, la legalizzazione delle droghe, il sesso con gli animali e i film porno durante il giorno, l'educazione sessuale dei bambini, l'abbassamento del consenso per i rapporti sessuali da 16 a 12 anni»[18]. Di fronte alle istanze di ricorso, la motivazione portata dal tribunale dell'Aja si mostra perfettamente in linea con la concezione sopra rilevata di assenza di norme e restrizioni: «La libertà di espressione, di riunirsi, inclusa la libertà di organizzarsi in un partito politico, sono le basi per una società democratica. Spetta agli elettori giudicare il programma».

Desta ancor più stupore che alcuni funzionari pubblici, pur a capo di commissioni di inchiesta nei confronti di abusi denunciati, abbiano un atteggiamento verso la pedofilia piuttosto tollerante, in alcuni casi persino favorevole. L'esempio per eccellenza è la *Humanistische Union* (Hu) di Berlino che ancora nel 1999 si è battuta per il permesso generale di pornografia e di tutti gli atti sessuali «consensuali», inclusi quelli con minorenni. Nel consiglio della Hu si trovano i nomi di C. Roth e R. Künast, massime esponenti dei Verdi, e della liberale S. Leutheusser-Schnarrenberger, attuale ministro della

---

17. *Corriere della Sera*, 28 ottobre 1998, 15.

18. Ivi, 19 luglio 2006, 20. «Educare i bambini significa anche abituarli al sesso. Proibire rende i bambini ancora più curiosi»: così Advan den Berg, 62 anni, fondatore del partito, giustificava nel 2006 l'obiettivo di rendere libera la pornografia infantile e di non punire i rapporti sessuali fra adulti e bambini di 12 anni. Il partito *Amore del prossimo, libertà e diversità* (Pnvd) si è sciolto il 15 marzo 2010, non per decreto giudiziario ma soltanto perché non è riuscito a raccogliere le 570 firme necessarie per presentarsi alle elezioni politiche del 9 giugno.

Giustizia nel Governo federale tedesco, tutte e tre fra i più ferventi critici della Chiesa cattolica nelle scorse settimane[19].

Si pensi ancora all'uso diffuso e in genere pubblicamente accettato della pornografia, specialmente su internet, senza preoccuparsi dell'effetto devastante che la visione di questo materiale può avere sull'immaginario psichico di chi ne usufruisce. Gli studi compiuti confermano l'alta rilevanza tra pornografia e fantasie messe in atto nel corso delle violenze sessuali: su un campione di 561 pedofili c'è un forte collegamento (35%) tra l'uso di materiale pornografico (per lo più di tipo adulto) e il comportamento abusante[20].

In questo clima culturale non si può infine non segnalare la diffusione e il sostegno nei confronti dell'abolizione della differenza sessuale, pubblicizzata dalla cosiddetta teoria del *gender*, secondo la quale si dovrebbero eliminare dal dizionario i termini di «uomo» e «donna» per sostituirvi il più neutro *gender*. Per garantire l'uguaglianza bisognerebbe infatti eliminare le diversità, anzitutto biologiche, tra gli esseri umani: «La prospettiva del *gender* [...] comporta il rifiuto dell'idea che l'identità sessuale sia iscritta nella natura, nei cromosomi, e l'affermazione che "ciascuno si costruisce il proprio 'genere' fluttuando liberamente tra il maschile e il femminile, transitando per tutte le possibilità intermedie". La teoria del *gender*, infatti, sviluppa questi presupposti: la differenza sessuale non è unica — quella maschio/femmina — bensì molteplice, legata ai diversi orientamenti sessuali, di razza e cultura, nonché alla condizione sociale, "fino a destituire totalmente di significato la dualità maschio/femmina, operando una separazione sempre più netta tra la differenza sessuale biologica e la costruzione dell'identità sociale e psicologica"»[21].

---

19.   Cfr R. Bingener, «Die Lust am Kind – Wofür steht die "Humanistische Union"?», in *Frankfurter Allgemeine Zeitung*, 29 marzo 2010, 8. Finora nessuna delle tre personalità politiche ha chiesto di rettificare quanto scritto dalla *Frankfurter Allgemeine Zeitung*.

20.   Cfr R. Langevin – S. Curnoe, *Pornography and sex crimes: An examination of criminal history, violence, risk and pornography production. Presentation at the Seventh Biennial Conference of the International Association for the treatment of Sexual Offenders*, Vienna, 2002.

21.   P. Vanzan, «"Gender" e rapporto uomo-donna», in *Civ. Catt.* 2009 I 553 s. Nell'articolo si fa riferimento in particolare al dossier *Identità e genere* del Comi-

La morte della differenza, la situazione per cui «tutto è sostituibile» manifesta, dal punto di vista psicologico, la tipica dinamica narcisista, intesa come il tentativo di ridurre l'altro a specchio di sé, annullandolo come altro, rivelando in ciò la sua radice intollerante e violenta. La dinamica narcisista, separando gli affetti dalla sessualità, oltre ad essere antitetica all'antropologia cristiana, è alla base di perversioni e abusi come la pedofilia. Tale connessione è stata riconosciuta dalla ricerca psicologica fin dai suoi inizi: «Secondo la visione classica, la pedofilia rappresenta una scelta oggettuale narcisistica; questo significa che il pedofilo vede il bambino come un'immagine a specchio di se stesso bambino [...]. Nella pratica clinica, si scopre che molti pedofili soffrono di una patologia narcisistica del carattere [...]. L'attività sessuale con bambini prepuberi può puntellare la fragile stima di sé del pedofilo»[22]. Una ricerca di L. Sperry rilevava come, tra le sei tipologie riscontrate alla base degli abusi sessuali su minori, ben cinque di esse presentassero una psicodinamica di tipo narcisista[23].

Queste osservazioni richiederebbero di rimettere in discussione un contesto culturale più ampio e spesso acriticamente accettato, che approva le trasgressioni e le perversioni come manifestazioni di libertà e di spontaneità. Due psicologi, riflettendo sul tema della pedofilia, riconoscevano come un approccio meramente penale-giudiziario risulta impotente oltre che impoverente se non trova il coraggio di confrontarsi con interrogativi etici e culturali: «Perché la cultura contemporanea è così influenzata da questi temi? Si tratta di liberazione o al contrario stiamo vivendo una difficile e inconsapevole decadenza? [...] Stiamo parlando di una fuga dall'etica del rapporto uomo-donna, uomo-donna-bambino, stiamo parlando di non cura del corpo e della crescita emotiva e affettiva. Sono i copio-

---

tato Latinoamaericano e dei Caraibi per la difesa dei diritti delle donne (Clasdem) mirante a raggiungere una «dichiarazione universale dei diritti dell'uomo secondo la prospettiva di genere» (cfr FIDES, *Dossier Identità e genere [seconda parte]*, 18 aprile 2008).

22. G. GABBARD, *Psichiatria psicodinamica*, Milano, Cortina, 1995, 315.

23. Cfr L. SPERRY, *Sexo, Sacerdocio e Iglesia*, Santander, Sal Terrae, 2004, 89; J. R. PRADA, *Psicologia e formazione. Principi psicologici utilizzati nella formazione per il Sacerdozio e la Vita consacrata*, Roma, Ed. Academiae Alfonsianae, 2009, 236.

ni di convivenza che devono cambiare, non si può chiedere soltanto alla punizione di garantire la possibilità di abitare lo spazio e le relazioni in modo evolutivo e non asimmetrico e scompensato»[24].

La pedofilia è una perversione e, per essere riconosciuta come tale e contrastata, richiede il riconoscimento di una norma, etica e psicologica, prima che giuridica[25].

Le accuse a Benedetto XVI

Uno slogan ricorrente di questi mesi da parte di alcuni giornali riguardava anche il ritardato intervento di Benedetto XVI nei confronti degli abusi. Si è visto d'altronde come non sia affatto facile entrare in merito a queste e altre simili vicende, soprattutto quando si voglia andare al di là delle apparenze e della denuncia a buon mercato. Quando si lamenta la mancanza di un intervento tempestivo si dimentica anzitutto che non è affatto facile provare la gravità delle accuse; questo è stato, ad esempio, il caso del reverendo Murphy, circa il quale recentemente il *New York Times* ha accusato Benedetto XVI di non aver preso opportuni provvedimenti. In realtà, nonostante le accuse presentate anche in sede penale, Murphy fu rilasciato dalla polizia per insufficienza di prove. La medesima sorte capitò a James Porter, il sacerdote della diocesi di Fall River di cui si è parlato nel precedente articolo, il quale, nonostante fosse stato dimesso dallo stato presbiterale, per molti anni non ricevette alcuna condanna penale. Non basta l'accusa nei confronti di una persona perché essa sia ritenuta colpevole; molti processi inoltre si sono conclusi con l'assoluzione dall'accusa di abuso, anche perché dietro queste vicende si nascondono motivazioni e interessi tra i più disparati[26].

---

24. R. Giommi – E M. Perrotta, «L'attrazione verso i deboli è anche bisogno di potere», in *la Repubblica*, 26 settembre 1996, 19.

25. «È difficile concepire la nozione di perversione senza far riferimento a una norma» (J. Laplanche – J. B. Pontalis, *Enciclopedia della psicoanalisi*, vol. II, Bari, Laterza, 1981, 412).

26. Come osservava M. Politi in occasione della catena di processi avviati a Boston: «Non tutto in questa storia è luminoso. C'è anche l'inarrestabile corsa al risarcimento, che nelle mani di avvocati ambiziosi può trasformarsi in una macchina da guerra tesa a raggiungere l'obiettivo non tanto di restaurare giustizia quanto di

Va anche precisato che il vescovo non è semplicemente un funzionario o l'amministratore di una diocesi, ma esercita un'autorità paterna nei confronti dei soggetti di cui ha la responsabilità pastorale: sacerdoti, religiosi, laici. E la preoccupazione di un padre, quando viene a conoscenza di una grave azione compiuta da un figlio, non è anzitutto quella di precipitarsi a denunciarlo (ciò potrà anche avvenire in seguito), ma di capire che cosa sia accaduto, ascoltando le parti in causa e garantendo il loro bene, soprattutto proteggendo i più deboli e le vittime. Nel caso si renda necessario un procedimento penale, è forse più opportuno invitare gli stessi responsabili a presentare istanza, e a invitare l'accusato a offrire la sua collaborazione[27]. Si deve purtroppo anche riconoscere che in diversi casi questi passi non sono stati compiuti a dovere, specie all'inizio, per i motivi più diversi, aumentando ferite su ferite, e che è importante vigilare perché una tale mancanza non si ripeta.

Un altro punto, oggetto di controversie a non finire, è dato dalla lettera della Congregazione per la Dottrina della Fede, *De delictis gravioribus*, in cui si avoca al Tribunale Apostolico della Congregazione di decidere sulle procedure circa «il delitto contro il sesto comandamento del Decalogo commesso da un chierico con un minore al di sotto dei 18 anni di età»[28]. Con questo provvedimento si intende sottolineare la gravità dei casi accaduti e la sua adeguata trattazione, obbligando l'Ordinario diocesano a segnalare questi delitti alla Congregazione[29].

---

spremere economicamente il più possibile l'ente di cui il colpevole fa parte» (*la Repubblica*, 15 dicembre 2002, 15).

27. Con le parole di mons. Scicluna: «In questi casi noi non imponiamo ai vescovi di denunciare i propri sacerdoti, ma li incoraggiamo a rivolgersi alle vittime per invitarle a denunciare quei sacerdoti di cui sono state vittime. Inoltre li invitiamo a dare tutta l'assistenza spirituale, ma non solo spirituale, a queste vittime. In un recente caso riguardante un sacerdote condannato da un tribunale civile italiano, è stata proprio questa Congregazione a suggerire ai denunciatori, che si erano rivolti a noi per un processo canonico, di adire anche alle autorità civili nell'interesse delle vittime e per evitare altri reati» (*Avvenire*, 13 marzo 2010, 5).

28. Cfr CONGREGAZIONE PER LA DOTTRINA DELLA FEDE, «De delictis gravioribus Congregationi pro doctrina fidei reservatis», 18 maggio 2001, in *Enchiridion Vaticanum*, vol. 20, Bologna, Edb, 2004, n. 718.

29. Ivi, n. 719.

La stampa si è soprattutto accanita nei confronti di una precisazione posta a conclusione della lettera: «Le cause di questo genere sono soggette al segreto pontificio» (*Huiusmodi causae secreto pontificio subiectae sunt*)[30]. Il segreto istruttorio è d'altronde valido anche nell'ambito del codice penale italiano[31].

Chiedere la segretezza nei confronti di un procedimento giudiziario a carico di una persona è una fondamentale forma di rispetto, purtroppo sempre più disattesa da parte di molti giornalisti che, incuranti delle più elementari norme di etica e deontologia professionale, procedono in modo diametralmente opposto. Essi non esitano a mettere in prima pagina le persone accusate, come se fossero già colpevoli *ipso facto*, salvo poi «dimenticare» di riportare la notizia del riconoscimento della loro innocenza.

Di tali aspetti connessi ai procedimenti giudiziari (che certamente si estendono ben oltre i casi di abuso) purtroppo si parla molto poco, specie da parte di chi ha il potere e la responsabilità della parola scritta. In questa vicenda ci sono purtroppo molti aspetti tristi e non certo edificanti, da cui si spera si possano trarre gli opportuni insegnamenti.

30. Ivi, n. 723.

31. Come precisa mons. Scicluna, promotore di giustizia della Congregazione per la Dottrina della Fede: «Una cattiva traduzione in inglese di questo testo ha fatto pensare che la Santa Sede imponesse il segreto per occultare i fatti. Ma non era così. Il segreto istruttorio serviva per proteggere la buona fama di tutte le persone coinvolte, prima di tutto le stesse vittime, e poi i chierici accusati, che hanno diritto — come chiunque — alla presunzione di innocenza fino a prova contraria. Alla Chiesa non piace la giustizia spettacolo. La normativa sugli abusi sessuali non è stata mai intesa come divieto di denuncia alle autorità civili» (in *Avvenire*, 13 marzo 2010, 5).

LA TUTELA DELL'INFANZIA
NELLA CHIESA CATTOLICA

Hans Zollner S.I.

Nei mezzi di comunicazione torna continuamente alla ribalta la questione degli abusi sessuali sui minori commessi da uomini di Chiesa. In questi ultimi tempi, con varie notizie e pubblicazioni, l'attenzione è stata tenuta alta soprattutto in Italia, Francia e Argentina. È fuori dubbio che la tutela dei bambini e dei giovani contro la violenza sessuale resti un problema centrale nella Chiesa e nella società. E ciò turba grandemente le coscienze dei cattolici che si identificano con la Chiesa e la sua missione.

Questo turbamento è stato di recente espresso nuovamente dal Pontefice in almeno due occasioni: nella conversazione con i Superiori generali degli Ordini religiosi maschili[1] e, successivamente, nella prefazione, scritta di suo pugno, a un libro il cui autore è una vittima di abusi[2]. Ha scritto Francesco: «Come può un prete, al servizio di Cristo e della sua Chiesa, arrivare a causare tanto male? Come può aver consacrato la sua vita per condurre i bambini a Dio, e finire invece per divorarli in quello che ho chiamato "un sacrificio diabolico", che distrugge sia la vittima sia la vita della Chiesa? Alcune vittime sono arrivate fino al suicidio. Questi morti pesano sul mio cuore, sulla mia coscienza e su quella di tutta la Chiesa. Alle loro famiglie porgo i miei sentimenti di amore e di dolore e, umilmente, chiedo perdono. Si tratta di una mostruosità assoluta, di un orrendo peccato, radicalmente contrario a tutto ciò che Cristo ci insegna»[3].

---

1. Francesco, «"Il Vangelo va preso senza calmanti". Conversazione con i Superiori generali», in *Civ. Catt.* 2017 I 324-334.

2. Cfr D. Pittet, *La perdono, padre*, Milano, Piemme, 2017.

3. Il testo è stato riprodotto dal quotidiano *la Repubblica*, con il titolo «Pedofilia, il dolore del Papa: "Come può un prete causare tanto male?"», il 13 febbraio 2017. Il Papa aveva conosciuto Daniel Pittet, autore della testimonianza, in Vaticano

Davanti a questo orrore è comprensibile lamentarsi, ma le parole del Papa spingono a trarre precise conclusioni e ad agire di conseguenza.

Se nei prossimi mesi e nei prossimi anni verranno ancora diffuse notizie di questo genere – e ce ne saranno ancora molte, soprattutto se consideriamo come si presenta la situazione in tutto il mondo –, esse saranno ulteriori testimonianze terribili di noncuranza, consapevole o tollerata, dei doveri fondamentali, umani e cristiani, inerenti alla cura pastorale, ma saranno anche richiami che esigono un risveglio risoluto. Solo se si incide l'ascesso per aprirlo può iniziare un processo di guarigione. Senza dubbio, questo processo si mette in moto con molto ritardo, dopo decenni, e non avanza ovunque con la stessa velocità. Ciò si spiega già con il fatto che la Chiesa cattolica, con le sue istituzioni che si estendono a livello mondiale, inevitabilmente offre un'immagine molto variegata di quale sia l'atteggiamento adottato per scoprire gli abusi e quali misure preventive si intendano assumere contro l'abuso sessuale sui minori.

L'impegno universale della Chiesa per la prevenzione dell'abuso sessuale deve fare i conti con situazioni culturali assai diverse tra loro. A questo riguardo basta soltanto tener presente che la Chiesa cattolica conta circa 1,3 miliardi di fedeli sparsi in 200 Paesi, e non si configura in una unità compatta. Ad esempio, tra le strutture cattoliche esistono più di 220.000 scuole che operano nei contesti più vari di ordine economico, giuridico e culturale. Lo stesso vale per le

nel 2015, in occasione dell'Anno della vita consacrata. «Non potevo immaginare che quest'uomo entusiasta e appassionato di Cristo fosse stato vittima di abusi da parte di un prete. Eppure – prosegue il Papa – questo è ciò che mi ha raccontato, e la sua sofferenza mi ha molto colpito. Ho visto ancora una volta i danni spaventosi causati dagli abusi sessuali e il lungo e doloroso cammino che attende le vittime. Sono felice che altri possano leggere oggi la sua testimonianza e scoprire fino a che punto il male può entrare nel cuore di un servitore della Chiesa». Daniel ha scelto di incontrare il suo aguzzino 44 anni dopo e gli ha teso la mano: «Il bambino ferito è oggi – prosegue il Papa – un uomo in piedi, fragile, ma in piedi. Sono molto colpito dalle sue parole: "Molte persone non riescono a capire che io non lo odii. L'ho perdonato e ho costruito la mia vita su quel perdono". Ringrazio Daniel perché le testimonianze come la sua abbattono il muro di silenzio che soffocava gli scandali e le sofferenze, fanno luce su una terribile zona d'ombra nella vita della Chiesa. Aprono la strada a una giusta riparazione e alla grazia della riconciliazione, e aiutano anche i pedofili a prendere coscienza delle terribili conseguenze delle loro azioni».

circa 1.450 università cattoliche, come pure per le centinaia di migliaia di asili infantili, scuole materne, centri per la cura dei disabili e per l'assistenza sociale, ospedali, ricoveri e altro ancora. In alcuni Paesi – per esempio, Australia, Irlanda, Germania, Austria –, per reagire contro gli scandali pubblici la Chiesa ha introdotto misure preventive capillari e provvede a formare sul piano professionale e normativo i collaboratori ad ogni livello e in ogni settore.

Ma si registra anche una forte resistenza passiva, che in diverse Chiese locali procede in direzione opposta per quanto riguarda l'impegno nello scoprire, intervenire e prevenire gli abusi sessuali. Già da questo semplice fatto si può constatare che – contrariamente a quello che si può percepire e ci si può raffigurare dall'esterno – la Chiesa cattolica, almeno in questo campo, non possiede direttive gerarchicamente strutturate e non dispone di quei meccanismi di controllo che sarebbero normali nella pubblica amministrazione e nel settore dell'economia.

Iniziative pontificie

Tuttavia, dopo tutto quello che si è reso evidente nella Chiesa universale, l'ago della bilancia tende a volgersi, lentamente ma con decisione, nella direzione giusta. Alti e altissimi rappresentanti della gerarchia ecclesiastica, e al di sopra di tutti papa Benedetto XVI e papa Francesco, hanno richiesto di affrontare seriamente la questione degli abusi sessuali sui minori commessi da uomini di Chiesa. Già prima di diventare papa, l'allora cardinale Josef Ratzinger, in qualità di prefetto della Congregazione per la Dottrina della Fede, aveva preso alcune decisioni rilevanti per il trattamento dei casi di abuso. Erano stati prolungati i termini di prescrizione, al fine di proteggere le vittime, e l'abuso contro le persone con disabilità mentale era stato considerato come reato.

Papa Francesco ha continuato e rafforzato la linea del suo predecessore, soprattutto con l'istituzione della Pontificia Commissione per la Tutela dei Minori (*Pontificia Commissio pro Tutela Minorum*). Egli ha creato così, a livello di Chiesa universale, le condizioni strutturali e materiali per poter accelerare con coerenza ed efficacia la tutela dell'infanzia in tutta quanta la Chiesa cattolica. Papa Francesco ha costituito la Commissione come suo organo consultivo su questo tema. Ha accolto alcune proposte della Commissione, come ad esempio quella di indire una giornata di preghiera per coloro che sono stati vittime di abusi o quella di istituire un procedimento penale contro quei vescovi e Superiori generali che hanno messo a tacere o non hanno preso in considerazione un abuso. Si è partiti su una strada buona, ma anche lunga e impegnativa.

Già nel 2011 la Congregazione per la Dottrina della Fede aveva esortato tutte le Conferenze episcopali a tracciare delle «Linee guida per i casi di abuso sessuale». Anche i grandi Ordini religiosi si sono impegnati in questo compito. Nelle linee guida bisogna esporre tra l'altro che cosa si fa nei singoli Paesi per impedire gli abusi, come bisogna agire nei confronti di chi li ha subiti e come procedere legalmente contro i colpevoli, e che cosa si fa nel percorso della formazione sacerdotale per prevenire gli abusi.

Ci si continua a chiedere perché non vi siano linee guida unitarie per tutta la Chiesa. Occorre dire al riguardo, anzitutto, che le norme giuridiche, ovviamente, sono valide ovunque nella Chiesa cattolica. Questo concerne quindi le imputazioni, per le quali ogni vescovo deve seguire in ogni parte del mondo la stessa procedura. Si inizia con una istruzione preliminare e, se si conclude che un'accusa è fondata, bisogna inoltrare i documenti alla Congregazione per la Dottrina della Fede a Roma, dove si decide a quale livello debbano svolgersi le ulteriori fasi del processo.

Naturalmente sarebbe auspicabile che questi processi penali potessero aver luogo nel territorio d'origine. Si faciliterebbe così un *iter* più veloce e più trasparente. Ma ciò è impedito dal fatto che in quasi nessuna Chiesa locale vi sono esperti in diritto canonico in numero sufficiente e adeguatamente formati, e per di più specializzati in diritto penale, e quindi i processi non potrebbero svolgersi con la dovuta competenza. Bisogna inoltre tenere presente che la centralizzazione dei processi aiuta a prevenire temibili meccanismi di occultamento e di copertura da parte dei superiori.

Le differenti situazioni culturali

Oltre a ciò che bene o male è uguale per tutti, per quanto riguarda la Chiesa universale va ribadito che nei vari Paesi si riscontrano, dal punto di vista culturale, situazioni di partenza assai diverse tra loro rispetto agli abusi e alla loro prevenzione. A partire da come sono vissute la sessualità, le emozioni e le relazioni, da «come» se ne parla o addirittura «se» se ne parla. La Chiesa cattolica è presente sia in un Paese tradizionalmente confuciano come la Corea del Sud e, per quanto riguarda le relazioni sessuali, in un Paese assai conservatore come è gran parte dell'India induista, sia nelle migliaia di culture dell'Africa e tra i popoli indigeni dei Paesi andini.

L'incontro della fede cristiana con questa umanità dai molteplici volti – che chiamiamo «inculturazione» – influisce tanto sulla celebrazione della liturgia e sulle questioni in cui la Chiesa si impegna più a fondo, quanto sul modo in cui ci si comporta – o non ci si comporta – nei confronti del tema, avvertito ovunque come scabroso, dell'abuso sessuale sui minori commessi da uomini di Chiesa. A quasi sei anni dall'esortazione della Congregazione della Dottrina della Fede, cinque tra le 112 Conferenze episcopali sparse nel mondo non hanno neppure ancora stilato un progetto di «Linee guida per i casi di abuso sessuale». E si tratta prevalentemente di Conferenze episcopali dell'Africa occidentale di lingua francese.

Anche sul piano civile e penale si possono riscontrare diversi modi di affrontare i casi di abusi da parte delle istituzioni statali, e ciò influisce anche sul modo di procedere della Chiesa. Una questione assai dibattuta – sulla quale capita tra l'altro che persino in Stati federali dello stesso Paese siano in vigore norme molto diverse – riguarda il grado di obbligatorietà per il singolo cittadino o per determinati gruppi professionali della segnalazione alle autorità dei casi di abuso. Si va dall'obbligo incondizionato di denuncia alla polizia per tutti coloro che sospettano un abuso, a posizioni intermedie – Paesi in cui medici o psicologi possono denunciare alla polizia o segnalare ai servizi sociali statali, e questi ultimi a loro volta possono decidere se denunciare alla polizia –, fino a Stati in cui non vi sono norme specifiche. E bisogna aggiungere che in non pochi Paesi le regole, anche quando sono fissate e definite nero su bianco, non sono considerate di fatto «realmente» vincolanti.

In gran parte dell'Africa o dell'Asia, e in qualche modo anche dell'America Latina, e in alcune zone dell'Europa orientale l'abuso sessuale sui minori ancora oggi non è avvertito come un problema urgente e ricorrente. E ciò sorprende, perché da tutte le statistiche di cui si dispone risulta con evidenza che gli abusi sessuali sui minori non sono affatto un fenomeno secondario. Le cifre sono anzi abbastanza alte: su scala mondiale, il 10-15% dei ragazzi e il 15-20% delle ragazze al di sotto dei 18 anni sono esposti a violenze o molestie sessuali. L'ambiente più frequente – ma anche più nascosto – in cui avviene l'abuso è quello delle famiglie; cosa che solleva molti interrogativi urgenti su come si possano aiutare le famiglie a vivere bene insieme e a intessere relazioni sane al proprio interno. Nella maggior parte dei Paesi del Sud del mondo, coloro che detengono posti di responsabilità devono anzitutto far prendere coscienza dell'esistenza del problema. In queste aree prevale sino ad oggi la concezione che la questione degli abusi sessuali compiuti da uomini di Chiesa sia un problema delle Chiese e dei Paesi decadenti e liberali dell'Occidente.

Prendiamo un esempio concreto: la questione della prevenzione e della tutela dell'infanzia dal punto di vista dei vescovi delle Filippine e dei Superiori religiosi del Rwanda. Ascoltandoli, si apprende che questi vescovi e Provinciali collocano il discorso sugli abusi sessuali sui bambini e sui giovani in un contesto diverso e più ampio di quanto si fa nei Paesi ricchi. Nei Paesi poveri i bambini e i giovani subiscono trattamenti brutali di ogni genere, legati alle guerre, all'acqua potabile inquinata, alla fame, alla mancanza di sicurezza, a uno sfruttamento del loro lavoro al di là dello sfinimento. In questo mondo violento, subire una violenza sessuale non rappresenta un delitto diverso dagli altri. L'abuso sessuale viene avvertito piuttosto come parte di una sofferenza più ampia dei bambini e dei giovani. Se dunque in questi Paesi si devono istituire organismi ecclesiali e non ecclesiali per la lotta contro la violenza sessuale, ciò deve avvenire in un contesto più ampio, volto a garantire tutti i diritti dell'infanzia. Altrimenti si corre il rischio che l'insistenza sulla lotta contro gli abusi sessuali venga liquidata come un'ideologia occidentale, che misconosce la vita reale di questi Paesi, spesso disumana, e lascia trasparire inoltre un problema nevrotico dell'«occidentale» nel suo modo di gestire la sessualità.

Accrescere la coscienza e l'impegno per la prevenzione

Nonostante questo, è possibile affermare che nella Chiesa si è giunti a prendere coscienza del tema a livello pubblico, nel centro e nella periferia (per rifarsi a un'espressione usata dal Papa). Nelle isole Figi come in Malawi, in Messico come in Polonia, si parla ormai apertamente dell'abuso nella Chiesa (e nello stesso tempo anche nelle rispettive società) e della sua prevenzione. In molti luoghi si lavora seriamente nell'affrontare casi di abusi e quindi anche per realizzare o per lo meno per tendere a una prevenzione. E la prevenzione è efficace, come mostrano le statistiche. Negli Stati Uniti, che è il Paese dove si sono prese misure di prevenzione di gran lunga più severe che altrove, vi sono soltanto poche denunce di abusi commessi in questi ultimi anni. In Germania e in Austria la Chiesa cattolica ha emanato linee guida di prevenzione capillare per tutte le diocesi, gli Ordini religiosi, le scuole e i centri di assistenza sociale per la gioventù, e ha predisposto norme corrispondenti per la formazione.

La Chiesa qui fa da battistrada, e ciò le viene riconosciuto anche dalle istituzioni non ecclesiali. Sarebbe però pericoloso credere che il compito sia ormai terminato e che quindi «tutto va di nuovo bene». L'argomento non deve tornare in secondo piano. Anzitutto, bisogna continuare a fare i conti con i casi di abusi nella Chiesa, nella società e nelle famiglie; sarebbe illusorio credere di poter debellare completamente il male che si fa ai bambini con misure di prevenzione. In secondo luogo, un impegno costante in questo campo è una conseguenza «naturale» del modo in cui Gesù si è comportato con i bambini. Già soltanto questo dovrebbe sollecitare chi ha responsabilità a ogni livello a fare tutto il possibile per tutelare i bambini.

Senza dubbio, in questi ultimi cinque anni è aumentata nelle autorità ecclesiali la sensibilità verso questa tematica, insieme alla disponibilità ad agire. Ma non si constata ovunque un impegno permanente nell'accordare priorità assoluta alla tutela dei bambini e dei giovani dagli abusi sessuali e a rendere manifesto questo impegno con misure concrete ed efficaci. E ciò è dovuto a vari motivi, uno dei quali potrebbe essere definito di ordine sociologico-culturale. La possibilità di collaborare sul tema della prevenzione con le istituzioni statali o con delle Ong dipende dalla posizione che la Chiesa occupa in ciascun Paese.

In un Paese a maggioranza musulmana, induista o buddista può esservi o meno cooperazione a seconda del grado di tolleranza e di benevolenza di cui si gode da parte delle autorità competenti. Un caso di scuola: in un Paese in cui i cristiani costituiscono una esigua minoranza e sono perseguitati da estremisti di ogni genere, la religiosa che dirigeva un orfanotrofio scoprì che un educatore aveva violentato alcune bambine. In base alla propria coscienza, tenendo presente l'ordinamento giuridico del proprio Paese e considerando gli obblighi assunti nei confronti del suo finanziatore europeo, voleva e doveva denunciare questo abuso. Tuttavia non sapeva come avrebbe reagito la polizia: l'educatore era il figlio del sindaco ed entrambi appartenevano alla religione dominante. La suora poteva pensare che la polizia non avrebbe reagito affatto o che l'accusa avrebbe infine portato a far chiudere l'orfanotrofio e a sollevare una campagna di stampa e innescare una persecuzione dei cristiani, all'insegna del motto: «Come possono i cristiani permettere questo nelle proprie istituzioni?».

Il «Centre for Child Protection» della Gregoriana

I programmi specifici di prevenzione tendono non soltanto a impedire che si commettano delitti sessuali, ma anche, e soprattutto, a far conoscere ampiamente e profondamente quali siano le condizioni, i fattori concomitanti e le conseguenze di un abuso sessuale e a sollecitare ad agire di conseguenza. In questo campo la Chiesa, con le sue istituzioni scolastiche, accademiche, caritative e pastorali, potrebbe esercitare su scala mondiale una funzione di guida anche per le altre comunità religiose, per tutti i tipi possibili di organismi e di governi, come del resto fa già oggi in alcuni Paesi, soprattutto del Sud del mondo.

Il *Centre for Child Protection* (Ccp) – che può svolgere la propria funzione presso la Pontificia Università Gregoriana grazie al generoso sostegno dell'arcidiocesi di Monaco e Frisinga, della *missio* e della *Kindermissionswerk* di Aquisgrana – si dedica completamente alla prevenzione di abusi sui minori[4]. Il Ccp promuove il lavoro di prevenzione, dedicandosi soprattutto a quei Paesi dove finora si è fatto poco; e forma personale qualificato per esercitare questa attività localmente. Si tratta di offrire un aiuto per la tutela dei bambini e dei giovani ai collaboratori e alle collaboratrici ecclesiali nelle parrocchie, nelle scuole, negli asili infantili.

Come posso capire se un bambino subisce o ha subìto abusi? Cosa posso fare per aiutarlo? Cosa posso fare per stabilire chi sia il colpevole? Cosa posso fare per creare uno spazio sicuro per i bambini e per i giovani in una parrocchia o in una scuola cattolica? Combattere l'abuso sessuale è come una delle fatiche di Ercole, alla quale sono chiamati a collaborare moltissimi soggetti nella Chiesa e nella società. Si tratta di cambiare modi di vedere e di agire, che, com'è risaputo, mutano solo lentamente. Per questo il Ccp si dedica alla formazione: con l'insegnamento e l'addestramento (anche via *e-learning*, con il diploma in *Safeguarding of Minors*), la ricerca e l'organizzazione di convegni.

Il Ccp fa tutto questo in stretta collaborazione con la Pontificia Commissione per la Tutela dei Minori, soprattutto nel campo della formazione dei candidati al sacerdozio e della formazione di personale dirigente nella Chiesa. Il Ccp intende offrire un impulso durevole al lavoro di prevenzione nella Chiesa, a livello universale, e una piattaforma di scambio di esempi di *best practice* nella prevenzione di abusi, che si estende a tutti i Paesi e continenti.

La lotta contro gli abusi sessuali durerà ancora a lungo e bisogna perciò dire addio all'illusione che la semplice introduzione di regole o di linee guida ne sia la soluzione. Essa implica una conversione radicale, un atteggiamento assunto con tale decisione che lo sforzo

---

4. Per ulteriori informazioni sul Ccp, cfr www.childprotection.unigre.it e www.ccpblog.unigre.it

per rendere giustizia alle vittime e l'impegno per la prevenzione totale non vengano ad essere accantonati quando l'attenzione pubblica non sarà più la stessa.

Il messaggio del Dio di Gesù Cristo è la fonte e la forza per questa attività e per questa riflessione continua sul nucleo del Vangelo. Perché Dio ama soprattutto i piccoli e i vulnerabili: «Lasciate che i bambini vengano a me, non glielo impedite: a chi è come loro infatti appartiene il regno di Dio» (*Mc* 10,14; *Mt* 19,14; *Lc* 18,16).

LE FERITE SPIRITUALI CAUSATE
DAGLI ABUSI SESSUALI

Hans Zollner S.I.

In un incontro con papa Francesco, una vittima di abusi sessuali ebbe a dire con profonda tristezza e disperazione: «Gesù aveva vicino sua madre, quando ha affrontato la sofferenza ed è morto. Mia madre, la Chiesa, invece mi ha lasciato da solo nel momento del mio dolore». Già solo in questa frase si può scorgere quanto sia orribile un abuso, e in particolare che cosa significhi l'abuso sessuale sui minori nella Chiesa, e come debbano cambiare atteggiamento la Chiesa e coloro che in essa detengono posizioni di responsabilità.

Qui entra in gioco la componente religioso-spirituale, che assume un significato particolare quando l'abuso è compiuto da un uomo di Chiesa. Se qualcuno viene abusato dal padre, vi è sempre un altro a cui può rivolgersi per chiedere aiuto: Dio. Se però è un sacerdote a compiere l'abuso, uno che per via del suo stesso ufficio rappresenta Dio e del quale la teologia dice che è *alter Christus*, allora l'immagine di Dio viene a oscurarsi e si può cadere in una tenebra e in una solitudine abissale. Ciò è possibile anche se l'abuso non è compiuto da un uomo di Chiesa, ma qui assume una dimensione qualitativa diversa e grave, soprattutto per coloro per i quali la fede, la liturgia e la relazione con Dio sono realtà importanti. Per molti così viene compromessa o persino interrotta la possibilità di una vita di fede e la fiducia stessa in Dio.

Le vittime: la loro prospettiva e la loro sofferenza

Non di rado coloro che hanno dovuto subire sofferenze indicibili a opera di rappresentanti della Chiesa e denunciano il fatto e vogliono essere ascoltati, vengono respinti, o si rimprovera loro di essere dei sobillatori che farebbero meglio a tacere. Anche in questo caso diventa molto grave il pericolo di un trauma spirituale, «accanto» a quello psichico e fisico. La portata di tutto questo non sembra essere chiara a molti nella Chiesa, e anche a coloro che vi occupano posti di responsabilità. Si suppone che soprattutto coloro che per il loro ministero annunciano il Vangelo dovrebbero comprendere quanto determinati eventi della vita – in questo caso un trauma grave – possano pesare sul nucleo più intimo della spiritualità di un credente. È sorprendente invece constatare quanto poco ciò avvenga. Ma questo forse spiega anche perché alcuni vescovi e superiori religiosi prestino maggiore attenzione alle implicazioni politiche, giuridiche e psicologiche degli abusi che non agli aspetti spirituali o teologici.

Non meraviglia perciò che le vittime considerino la Chiesa, nella sua reazione alla denuncia di un abuso, più come un'istituzione preoccupata di se stessa che non «come una madre amorevole» (così inizia significativamente il *motu proprio* di papa Francesco con il quale egli sollecita vescovi e superiori religiosi ad assumere le proprie responsabilità nello scoprire e nell'impedire gli abusi).

La Chiesa: santa e peccatrice

La Chiesa è stata fondata e incaricata dal suo Signore Gesù Cristo di annunciare questa buona notizia: Dio ama gli uomini, è misericordioso e fa di tutto per salvarli, e nel suo Figlio dà persino la sua vita per loro. Una quantità immensa di persone negli ultimi 2000 anni ha assolto a questo compito e ha contribuito a far sì che la Chiesa fosse un meraviglioso sacramento di salvezza per i poveri, i malati e coloro che sono particolarmente vulnerabili. Ma nello stesso tempo bisogna anche dire che vi sono sempre state nella Chiesa persone che hanno fatto esattamente il contrario di ciò che loro stessi, la Chiesa e Gesù hanno annunciato. Non invano i Papi di questi ultimi decenni hanno chiesto ripetutamente e fermamente perdono per i peccati e i delitti compiuti da uomini di Chiesa.

Il ritorno: tendere e appellarsi a Cristo

Affrontare l'argomento dell'abuso sessuale sui minori da parte di un sacerdote significa sperimentare qualcosa di sconvolgente e straziante. Parliamo di sesso e violenza, di un abuso della fiducia, di vite rovinate e di ipocrisia. E tutto questo in seno alla Chiesa. Quando si tenta di aggirare o di procrastinare questi problemi, si mette in atto un istinto di conservazione individuale e istituzionale. Tuttavia non solo la psicologia moderna, ma già lo stesso Gesù, e molti maestri spirituali dopo di lui, hanno insegnato quanto siano imprevedibili e tragiche le conseguenze della rimozione: chi non affronta il lato oscuro di sé, prima o poi vi si scontra ancor più violentemente. Il film *Spotlight*, in cui si stigmatizza il fatto che per decenni siano stati occultati abusi compiuti da sacerdoti, descrive molto bene questo meccanismo.

Bisogna tener presente che gli abusi di ecclesiastici sui minori avvengono ovunque nel mondo[1]. Anche se per molti luoghi non sono disponibili dati, dall'atteggiamento assunto dalla Congregazione per la Dottrina della Fede – l'organo che nella Chiesa istituisce i processi penali contro i sacerdoti accusati – si può dedurre che questo genere di abusi avvenga in tutte le Chiese locali. Uno degli argomenti spesso usati sino ad oggi, e cioè che la violenza sessuale sui minori sia un problema della Chiesa decadente occidentale, è manifestamente falso e deviante. Distoglie l'attenzione dal fatto che vi sono chiaramente nella vita della Chiesa fattori che favoriscono l'abuso, oppure nascondono e impediscono la sua scoperta e la sua punizione. Proprio affrontando questo tema in una prospettiva globale si ha modo di percepire come la Chiesa cattolica sia una comunità religiosa diffusa in tutto il mondo, e infinitamente multiforme e stratificata, ma anche che nella prassi quotidiana presenti grandi affinità interne ed elementi immutabili[2].

Come detto, non è semplice affrontare apertamente così tanto male e così tanta sofferenza. E ciò vale soprattutto se non si è responsabili in prima persona. Ma ovunque nel mondo i sacerdoti e i vescovi vengono identificati con il bene e con il male, per quanto avviene nella Chiesa e per quello che fanno i loro confratelli. E in

---

1.   Cfr B. Böhm - J. Fegert e al., «Child Sexual Abuse in the Context of the Roman Catholic Church. A Review of Literature from 1981-2013», in *Journal of Child Sexual Abuse* 23 (2014) 635-656.

2.   Cfr C. J. Scicluna - H. Zollner e al., *Verso la Guarigione e il Rinnovamento. Chiesa e abusi sessuali sui minori*, Pontificia Università Gregoriana, 6-9 febbraio 2012.

una misura ancora maggiore rispetto a quanto accada nella loro vita quotidiana, i sacerdoti vengono considerati rappresentanti di Cristo e della sua Chiesa, e lo sono effettivamente, in base a quanto si afferma di loro sul piano teologico. Quanto più si è lontani dalla Chiesa, tanto più la si immagina come un'entità uniforme e monolitica. Questo è il motivo per cui ogni abuso compiuto da un sacerdote ricade complessivamente su tutti i sacerdoti e sulla Chiesa.

I sacerdoti: il loro stato e la loro formazione

Il peso di un abuso compiuto da sacerdoti cattolici non riguarda evidentemente soltanto la funzione sacerdotale in se stessa, quella di essere mediatori e di possedere un potere spirituale e reale. Tutto questo si ritrova infatti più o meno nella stessa misura in tutte le confessioni religiose: nell'islam – si ricordino soltanto i dati spaventosi sugli abusi compiuti nelle madrase in Gran Bretagna – nel buddismo, nell'induismo, nell'ebraismo o nelle religioni naturali. Anche l'obbligo del celibato non è una caratteristica esclusiva della Chiesa cattolica di rito latino, perché anche in altre religioni vi sono sacerdoti, monaci e monache che vivono una vita celibataria[3]. A ben vedere, nessuno degli elementi che seguono è presente soltanto nella Chiesa cattolica o riservato ai suoi chierici.

Gestire la propria sessualità

Gestire la propria sessualità costituisce una sfida costante per ognuno. A molti sacerdoti che promettono di vivere nel celibato non viene offerto a sufficienza un valido sostegno umano e spirituale. Esso dovrebbe essere il risultato di un serio processo attitudinale che, attraverso un sistema modulare di unità formative, percorra i vari gradi di sviluppo fino a raggiungere un solido sostegno psicologico e spirituale dopo l'ordinazione sacerdotale.

3.   Dai rilevamenti statistici dei due *John-Jay-Report* (Stati Uniti) e dai dati forniti in Australia dalla *Royal Commission* si ricava che gli abusi compiuti dal clero delle varie confessioni o comunità religiose, dalle guide spirituali musulmane e dai rabbini, tenendo conto delle dovute proporzioni, più o meno si equivalgono tra loro.

Nonostante chiare ed eccellenti norme emanate per la formazione sacerdotale – ribadite ancora nella *Ratio Fundamentalis*, promulgata dalla Congregazione per il Clero l'8 dicembre 2016[4] –, nella maggior parte dei processi educativi dei futuri religiosi e dei futuri sacerdoti la formazione alla maturazione umana occupa ancora un posto secondario. Se si tiene presente che le crisi vocazionali in gran parte derivano dal fatto che ci si innamora e ci si accorge solo in un secondo momento – per propria ammissione, spesso per la prima volta – di desiderare una vita di coppia e una famiglia, non c'è da meravigliarsi che coloro a cui compete la responsabilità della formazione non investano energia e tempo laddove ce n'è più bisogno[5].

Nella psicologia del profondo si parla in questo caso di meccanismi di difesa costituiti dalla rimozione e dalla negazione di impulsi vitali. Su un piano spirituale si potrebbero chiamare *acedia* e *inertia*, negligenza e indolenza. Potremmo anche tentare di formulare la tesi che questo rifiuto, da parte dei responsabili, di prendere sul serio le esperienze spirituali e i processi umani, e di assumere le decisioni conseguenti, si trasferisce direttamente o indirettamente su coloro che stanno percorrendo il proprio cammino di formazione.

Con questi processi di rimozione si corre il rischio di porre in essere comportamenti di *acting out* relativamente a ciò che si respinge o si scredita, nel nostro caso il desiderio sessuale, commisto a molti altri bisogni non soddisfatti; ciò avviene opponendosi attivamente o passivamente a tutto ciò che riguarda questo argomento, oppure esprimendolo in maniera incontrollata, tra l'altro là dove ci si può attendere una minore opposizione: nel nostro caso, verso bambini o giovani.

---

4.   Cfr G. Cucci - H. Zollner, «Il nuovo documento sulla formazione sacerdotale», in *Civ. Catt.* 2017 II 61-75.

5.   Si vedano al riguardo anche la ricerca sui casi di abuso commissionata dalla DBK (*Deutsche Bischofskonferenz*, Conferenza episcopale tedesca), e i primi dati di una serie di studi internazionali, condotti dal *Centre for Children Protection* della Pontificia Università Gregoriana.

La concezione del sacerdozio nella Chiesa cattolica

La maniera in cui si concepisce il ministero e il ruolo del sacerdote nella Chiesa cattolica contribuisce notevolmente a far sì che, quando sono dei sacerdoti ad abusare di minori, lo si scopra molto più tardi. In molte parti del mondo i sacerdoti sono ancora visti come irreprensibili messaggeri di Dio, ai quali è riservata una particolare forza, autorità e capacità di governo, derivata più o meno direttamente da Dio. Una simile immagine del sacerdote può condurre i fedeli a un'idealizzazione inviolabile, che rende difficile, quasi impossibile, criticare la sua figura o soltanto immaginare che egli possa compiere qualcosa di male.

Ciò spiega almeno in parte ciò che, dall'esterno della Chiesa, sembra inconcepibile. Coloro che subiscono abusi riferiscono spesso che, quando hanno avuto un contatto sessuale, sono loro, e non il sacerdote, a sentirsi cattivi e sporchi. Altri invece hanno vissuto l'attenzione fisica ed emotiva di un sacerdote come qualcosa che li ha resi straordinari, che li ha «innalzati nella sfera sacerdotale». Se si cerca una risposta al perché così tanti soggetti colpiti non siano stati in grado di far parola dell'abuso per anni e decenni, una delle spiegazioni consiste nel conflitto di coscienza e nell'insopprimibile dilemma tra il sentirsi vittima di un incontenibile atto di violenza e il peso enorme di dover attribuire questa crudeltà a un sacerdote. Bisogna osservare al riguardo che molte vittime di violenza sessuale erano vicine ai sacerdoti che hanno abusato di loro, perché ministranti, responsabili di gruppi giovanili o con loro in collegio. Spesso erano particolarmente solerti e pieni di fiducia: una fiducia di cui poi si è approfittato e che è stata distrutta.

Chi nella sua infanzia e nella gioventù, oppure da candidato al sacerdozio, ha imparato che un sacerdote è irreprensibile, può facilmente formarsi l'idea che egli non debba giustificarsi di fronte a nessuno. Chi è dotato di un potere sacro può prendersi quel che vuole. Una mentalità di questo genere può spiegare, almeno in parte, perché alcuni sacerdoti che hanno abusato di bambini e di giovani lo neghino, oppure si ritengano essi stessi vittime o solo complici («mi ha sedotto», «le è piaciuto») e spesso non lascino intravedere di capire la sofferenza che hanno causato.

In alcuni candidati al sacerdozio si constata che essi intendono il proprio stato di seminaristi o di sacerdoti come una «professione» nel senso abituale del termine; e quindi, finito l'orario di ufficio, «in privato» possono fare cose che non sono conciliabili con la propria vita sacerdotale. Sembra che costoro ambiscano ai privilegi, al potere e alla bellezza di quello stato, ma non siano disposti a pagarne il prezzo che il Vangelo richiede – povertà, castità, obbedienza – e, in sostanza, a perdere la vita a motivo di Gesù.

Mentalità da trincea

Infine, un altro ingrediente, di quella miscela tipicamente cattolica che rende possibile l'abuso e ne impedisce la scoperta, è un atteggiamento che possiamo definire «mentalità da trincea». Si vogliono risolvere le cose «all'interno», escludendo la dimensione pubblica, perché si teme per la propria reputazione o per quella dell'istituzione. Si dimentica così sia la sofferenza delle vittime (che devono essere tenute in silenzio) sia una legge dei media che afferma: «Prima o poi le cose si vengono a sapere. Prendi tu l'iniziativa, riconosci l'errore, scusati onestamente e sarai creduto».

Spesso qui entra in gioco anche un'interpretazione unilaterale del legame speciale e della responsabilità che unisce il vescovo ai suoi sacerdoti. Da un lato, non si considera che la «cura paterna» non implica soltanto perdono e misericordia, ma anche una giusta punizione. Dall'altro, interviene quello spirito di corpo a causa del quale i vescovi pensano anzitutto a proteggere la «propria» parte e non il bene dei deboli e dei bisognosi.

Accenniamo solo marginalmente al fatto che molti autori di abusi sono assai abili a cavarsela e anche a manipolare i propri superiori; e che questi ultimi sono troppo inclini a credere a ciò che si promette loro («non lo farò mai più») e usano quindi una (falsa) misericordia verso i colpevoli. Seguendo una logica ritenuta valida, non ci si procura aiuto competente dall'esterno, ma si ritiene di poter risolvere le cose con mezzi e strategie proprie. Ci si arrocca così nella propria trincea e si trascura il fatto che sono stati soprattutto i sistemi chiusi, come in Irlanda o negli ambienti cattolici dell'Australia o degli Stati Uniti, quelli in cui si sono verificati abusi con una frequenza e una durata spaventose.

Lo stesso vale per alcune di quelle Congregazioni religiose e nuove comunità spirituali che sono sorte prima o subito dopo il Vaticano II e che per molti anni, anche per via del numero relativamente alto di vocazioni, hanno dato grandi speranze alla Chiesa. Negli ultimi anni però si è dovuto constatare che in buona parte di questi gruppi religiosi – alcuni dei quali hanno assunto posizioni ecclesiali spiccatamente conservatrici, collegandole con forme tradizionali di liturgia e di teologia – si è giunti a praticare forme di abuso gravi e molteplici. Tra i casi più noti, i *Legionari di Cristo* (di fondazione messicana), la *Communauté des Béatitudes* (di fondazione francese), la *Comunità Missionaria di Villaregia* dell'Italia del Nord, il *Sodalitium Christianae Vitae* (soprattutto in Perù), come pure il gruppo che gravita attorno al sacerdote Fernando Karadima a Santiago del Cile.

Non si è trattato sempre di abusi su minori, ma di abusi sessuali su persone protette, come novizi e novizie o studenti. Con il pretesto del voto di obbedienza e di una rigorosa condotta religiosa, si sono create relazioni di dipendenza estreme, nelle quali si bandiva e si puniva ogni forma di critica. Non si sono osservate alcune norme fondamentali della tradizione spirituale, come la separazione tra il foro interno e il foro esterno, per non parlare dei casi di abuso del sacramento della confessione (sia violando il sigillo della confessione sia con la *absolutio complicis*, cioè l'assoluzione da parte del complice nella trasgressione del sesto comandamento).

A questo proposito bisognerebbe dedicare un intero capitolo alle personalità dei fondatori. Alcuni di loro, a causa di abusi sessuali, di irregolarità finanziarie e di casi di plagio, sono stati espulsi dalle proprie comunità e puniti con pene ecclesiastiche, fino alla scomunica. Spesso hanno potuto spadroneggiare per decenni su persone e opere, e nessuno ha osato mettere in discussione il loro potere assoluto e le loro rivendicazioni, cui veniva dato un fondamento spirituale. Poiché non funzionava alcun organo di controllo e non si era adottato alcun sistema di *check and balance*, potevano fare ciò che volevano.

Non tutte queste persone erano o sono sacerdoti, e ciò fa riemergere ancora di più la problematica di fondo: quando un ambiente (ecclesiale) si isola e scredita una comunicazione aperta oppure un adeguato processo di formazione e di sviluppo, il pericolo di abusi cresce in maniera esponenziale.

Anche strutture di governo poco chiare e confini gerarchici ambigui favoriscono le condizioni che rendono possibile un abuso. A questo aspetto ha fatto cenno, per esempio, il cosiddetto *Deetman Report*, in cui si descrivono i casi di abuso verificatisi nella Chiesa cattolica olandese. È sorprendente constatare quante questioni procedurali irrisolte abbia portato alla luce questo scandalo. Quando le responsabilità non sono ben definite, ognuno può lavarsene le mani.

Né la trincea né il caos sono pertanto opportuni. L'autorità e la guida di vescovi e superiori religiosi sono necessarie proprio quando si tratta di proteggere vite umane. E ad ogni modo il potere connesso al ruolo necessita di un controllo esterno e di una dedizione interiore, che fa comprendere veramente l'ufficio o la posizione che si occupa, nel senso che ha dato Gesù: «Chi tra voi è più grande, sarà vostro servo» (*Mt* 23,11).

Per noi tutti: domande e compiti

In una società in cui uno dei valori più alti è la credibilità, la crisi provocata dagli abusi ci pone di fronte a domande decisive: siamo disposti a rivedere il nostro modo di essere Chiesa? Dobbiamo chiederci sino a che punto ci rifiutiamo di farlo, sino a che punto rimuoviamo l'ingiustizia e il male che si è commesso, sino a che punto riteniamo di poter tornare quanto prima al lavoro pastorale che ci è proprio dopo gli scandali, sino a che punto il nostro sguardo rimane rivolto a noi stessi e blocca la nostra energia e la nostra creatività apostolica. Papa Benedetto XVI, che con coerenza ha preso provvedimenti contro gli autori di abusi, anche di alto livello, con le sue dimissioni ha dato un esempio eccellente di come si possa gestire il potere (nella Chiesa). Papa Francesco non si stanca di stigmatizzare le malattie del clericalismo, del carrierismo e di una vita comoda, e di predicare un ritorno alla semplicità e all'immediatezza del Vangelo.

Se applichiamo queste considerazioni alla questione delle cause e degli effetti del trauma spirituale subìto da coloro che sono stati oggetto di abusi, risuonano alcune domande: come configurare oggi l'esercizio del potere in senso evangelico? Come possono completarsi tra loro gli uomini e le donne nel loro diverso modo di intendere e di trattare il potere? Cosa possiamo assimilare da ciò che in campo sociale ed economico viene definito *corporate governance* e *compliance*, per poter assumere nelle strutture ecclesiali una effettiva corresponsabilità e adottare meccanismi di controllo verificabili? Cosa è davvero proprio del nucleo del ministero sacerdotale e quanta parte del potere di guida, che viene esercitato dai sacerdoti nelle parrocchie e nelle altre istituzioni, potrebbe o dovrebbe essere demandato a dei collaboratori? Come si può esercitare sul piano individuale e comunitario il discernimento degli spiriti, quell'operazione impegnativa che aiuta a trovare una via plausibile tra la «trincea» e il «caos»? Come possono vescovi e superiori religiosi imparare a soppesare le decisioni e a prenderle al momento giusto? Come devono essere formati i futuri sacerdoti e i religiosi? Quanto si investe nella formazione di coloro che sono destinati a loro volta ad assumere responsabilità nel campo della formazione?

Già da qui si intravede quanto sia difficile, per coloro che hanno responsabilità nella Chiesa, ma anche per semplici fedeli, aver fiducia in Gesù e credere alle sue parole: «La verità vi farà liberi» (*Gv* 8,32). Non è facile guardare in faccia alla verità pura e semplice. Richiede coraggio e la volontà di porsi di fronte alla realtà, per quanto sconvolgente e dolorosa possa essere. Sarebbe bene per i cristiani confidare più in Dio che in se stessi, proprio in tempi difficili e di fronte a fallimenti individuali e istituzionali.

In queste situazioni, chi apre occhi, mente e cuore può non solo conoscere ciò che riguarda se stesso e gli altri sul piano umano e spirituale, ma si apre anche alla grazia della conversione e del perdono, che è promessa a tutti coloro che confessano sinceramente le proprie mancanze. Ciò significa anche esporsi alla vergogna, allo sconforto, ai dubbi e alla diffidenza. Tutto questo non è facile da sopportare. Ma a chi è in grado di assumerlo su di sé, avendo fede nel salvatore Gesù Cristo, e trova sostegno nella comunità dei fedeli, viene promessa l'assistenza dello Spirito Santo.

Questo atteggiamento apre una via che, penetrando negli abissi umani e attraverso la «desolazione spirituale» (come direbbe sant'Ignazio), con l'aiuto della grazia può portare a un alleviamento e persino alla guarigione. Perché anche questo accade, e cioè che dopo dolori infiniti, sull'orlo della disperazione e del suicidio, dopo anni e decenni di depressione e di sofferenza, ci sono uomini che sono in grado di trovare una via che porta alla fonte della speranza e della vita. Costoro, che – si potrebbe dire – hanno attraversato l'inferno, sono testimoni credibili della forza della salvezza di Gesù Cristo. Molte persone che hanno fornito questa testimonianza di vita, sopportata con tremore e con il pericolo di ricadere nel trauma, hanno affermato in seguito di aver capito in maniera nuova il senso della passione, morte e risurrezione di Gesù.

La lotta contro gli abusi sessuali durerà ancora a lungo e bisogna perciò dire addio all'illusione che la semplice introduzione di regole o di linee guida ne sia la soluzione. Essa implica una conversione radicale e un atteggiamento deciso per rendere giustizia alle vittime e per la prevenzione totale. Il messaggio del Dio di Gesù Cristo è la fonte e la forza per questa attività e per questa riflessione continua sul nucleo del Vangelo. Perché Dio ama soprattutto i piccoli e i vulnerabili.

Certo, nessuno è in grado di sconfiggere definitivamente il male, neppure quello dell'abuso sui minori – sarebbe una presunzione fatale –, ma si può fare molto per ridurne il più possibile il rischio e aumentare la prevenzione[6]. Oggi nella Chiesa universale l'ago della bilancia tende a volgersi, lentamente ma con decisione, nella direzione giusta. Papa Francesco ha continuato e rafforzato la linea del suo predecessore, soprattutto con l'istituzione della Pontificia Commissione per la Tutela dei Minori. Egli ha creato così, a livello di Chiesa universale, le condizioni strutturali e materiali per poter accelerare con efficacia la tutela dell'infanzia in tutta quanta la Chiesa cattolica.

---

6. Sulle condizioni e sulle possibilità di un lavoro di prevenzione, cfr S. WITTE - B. BÖHM ET AL., «E-Learning Curriculum "Prävention von sexuellem Kindesmissbrauch für pastorale Berufe. Forschungsergebnisse"», in *Nervenheilkunde* 34 (2015) 547-554; K. A. FUCHS - H. ZOLLNER, «Prävention in der katholischen Kirche: Drei Beispiele aus der Praxis katholischer Institutionen», in J. FEGERT - M. WOLFF (eds), *Sexueller Missbrauch in Institutionen: Entstehungsbedingungen, Prävention und Intervention*, Weinheim - Basel, Beltz, 2015.

DUE SIMPOSI DEL «CENTRE FOR CHILD PROTECTION»

«VERSO LA GUARIGIONE E IL RINNOVAMENTO»
Un Simposio alla Gregoriana sugli abusi sessuali

Hans Zollner S.I.

Il Simposio «Verso la guarigione e il rinnovamento», tenutosi alla Pontificia Università Gregoriana (Pug) dal 6 al 9 febbraio 2012, fa parte di un processo importante nel cammino che la Chiesa intende compiere per confrontarsi con la «piaga aperta» degli abusi (come l'ha definita il Santo Padre). Proprio il Papa ha voluto far avere un messaggio ai partecipanti al Simposio, tramite il Segretario di Stato Vaticano. Con questo messaggio, inviato il 30 gennaio 2012 al Rettore della Gregoriana, Benedetto XVI sostiene e incoraggia ogni sforzo per rispondere con carità evangelica alla sfida di offrire ai bambini e agli adulti indifesi un ambiente che conduca alla loro crescita umana e spirituale. Egli esorta inoltre i partecipanti al Simposio a continuare ad attingere a una vasta gamma di competenze, al fine di promuovere in tutta la Chiesa una forte cultura di tutela efficace e di sostegno alle vittime. In modo particolare ha ricordato che «la guarigione delle vittime deve essere un'importante sollecitudine nella comunità cristiana e deve andare di pari passo con un profondo rinnovamento della Chiesa a ogni livello. Nostro Signore ci ricorda che ogni atto di carità verso il più piccolo dei nostri fratelli è un atto di carità verso di Lui (cfr *Mt* 25,40)».

Finalità del Simposio

Nel settembre 2010 si era deciso nel Consiglio direttivo della Pug di organizzare un simposio sul tema. Questa iniziativa ha ricevuto l'appoggio esplicito e l'aiuto concreto da parte dei dicasteri più coinvolti nel trattamento dei casi di abuso[1]. Vanno ricordate in modo particolare la Segreteria di Stato, la Congregazione per la Dottrina della Fede, la Congregazione per i Vescovi, la Congregazione per l'Evangelizzazione dei Popoli, la Congregazione per l'Educazione Cattolica, la Congregazione per gli Istituti di Vita Consacrata e per il Clero. Inoltre, alcuni dei prefetti e dei segretari dei citati dicasteri si sono resi disponibili a prendere parte attiva durante il Simposio, in particolare nella ricerca dei possibili relatori, moderatori di discussione e animatori di liturgia.

Il Comitato organizzatore – unendo persone con competenze canoniche, psicologiche, organizzative e di comunicazione, sotto la guida di chi scrive, vice rettore accademico della Pug – si è posto il problema fin dall'inizio di come rendere noto il Simposio ai *media* con Alexander DesForges, portavoce della Conferenza episcopale inglese e del Galles. Per facilitare la comunicazione verso l'esterno e le procedure di iscrizione al Simposio, è stato creato un sito web dedicato ad esso.

Il Simposio voleva essere anche una risposta alla recente lettera circolare della Congregazione per la Dottrina della Fede (3 maggio 2011), che obbliga le Conferenze episcopali a sviluppare Linee guida per proteggere i minori e per essere coerenti nella risposta della Chiesa in caso di accuse di abuso e nel trattamento di abusatori[2].

Per il finanziamento del Simposio, ci si è avvalsi di contributi da parte della Gregoriana, del notevole sostegno da parte dell'arcidiocesi di Monaco di Baviera e di alcuni Enti ecclesiastici (Aiuto alla Chiesa che soffre, Misereor, Renovabis; le diocesi di Brescia, Pavia, Bolzano-Bressanone; le Province di Italia, Svizzera e Olanda della Compagnia di Gesù).

---

1.   Cfr G. Cucci, «"Verso la guarigione e il rinnovamento". Un simposio internazionale sul tema dell'abuso sessuale su minori», in *Civ. Catt.* III 2011 416-419.

2.   Cfr Congregazione per la Dottrina della Fede, «Lettera del cardinale William Levada per la presentazione della circolare alle conferenze episcopali sulle Linee guida per i casi di abuso sessuale nei confronti di minori da parte di chierici», in *Civ. Catt.* II 2011 587; Id., «Lettera circolare per aiutare le Conferenze episcopali nel preparare Linee guida per il trattamento dei casi di abuso sessuale nei confronti di minori da parte di chierici», ivi, 588-593.

Nel valutare la forma e i destinatari del Simposio, si è optato di rivolgersi a rappresentanti delle varie Conferenze episcopali nel mondo e a Superiori e Superiore generali: questo per far sì che, con l'aiuto delle autorità maggiori, si potesse sperare in un risultato migliore per la promozione di una sensibilità elevata, per un procedimento più consistente e per una prevenzione più efficace.

Il Simposio si proponeva alcuni obiettivi fondamentali:

a) mettere le vittime e la loro situazione al primo posto, dando loro voce, al fine di individuare quanto possa risultare di maggior aiuto per un cammino di guarigione;

b) creare una cultura di ascolto, per elaborare i migliori strumenti per contrastare questa piaga;

c) collaborare con i *media* per rendere noto quanto possa aiutare a proteggere le persone più deboli.

Nei giorni del Simposio si è vista la presenza di rappresentanti di 110 Conferenze episcopali, 35 Superiori generali di Ordini maschili e femminili, alcuni rappresentanti delle Chiese Orientali, Rettori di Collegi di Roma, Rettori di Università cattoliche da tutto il mondo, esperti in psicoterapia, diritto canonico, educazione, membri di vari riti all'interno della Chiesa.

I temi dibattuti riflettono i molti ambiti concernenti il problema degli abusi. Non si è trattato di un Simposio come quello organizzato nel 2003, che ha visto la partecipazione dei massimi esperti di psichiatria e psicoterapia. In questo caso sono stati piuttosto i responsabili della pastorale della Chiesa cattolica delle più diverse parti del mondo (Filippine, Messico, Brasile, Stati Uniti, Germania, Sud Africa) che con coraggio hanno condiviso le proprie esperienze, nella speranza che altri confratelli possano essere motivati a seguire il loro esempio. Attualmente è in preparazione la pubblicazione degli Atti del Simposio in circa 12 lingue (le principali dell'Ovest ed Est Europa e alcune dell'Oriente); ci si augura che le varie edizioni possano essere presentate prima dell'estate prossima.

Lo spirito alla base del Simposio era quello di comunicare una giusta e corretta trasparenza nei confronti di tutti coloro che sono interessati a sapere che cosa si sta facendo nella Chiesa per affrontare gli scandali del passato e del presente e approntare una adeguata prevenzione. «La crisi ci invita a riconsiderare la nostra relazione con i *media*. Se li sfidiamo a essere onesti e veritieri in tutto ciò che riferiscono, dobbiamo anche accettare che la Chiesa venga scrutata dai *media*, purché si osservino le norme dell'onestà e della veridicità applicabili a tutti», ha affermato l'arcivescovo di Manila, mons. Luis Tagle.

Il messaggio che soprattutto si tiene a far percepire chiaramente è che le vittime, la verità e la giustizia sono le priorità, e che la Chiesa non deve attendere un nuovo scandalo per iniziare ad affrontare il problema degli abusi. «Non dobbiamo aspettare che esploda una bomba. Prevenire una tale esplosione è la migliore risposta», ha dichiarato mons. Tagle.

Il Simposio è considerato un passo molto significativo nel riconoscimento da parte della Chiesa della serietà del problema della salvaguardia dei minori e dell'importanza di dare ascolto alle vittime. Questo anche allo scopo di sensibilizzare al problema le autorità ecclesiastiche, soprattutto coloro che non avevano mai sentito una vittima parlare del proprio trauma e delle proprie preoccupazioni.

Lo svolgimento del Simposio

Il programma del Simposio si è articolato nel modo seguente:
– la sera di lunedì 6 febbraio il Simposio è stato inaugurato con una prolusione del card. Levada, il quale ha sottolineato la necessità di un approccio pluriforme – canonistico, teologico, pastorale, psicologico – al triste fenomeno degli abusi nella Chiesa e nel mondo;
– nelle mattinate dal 7 al 9 febbraio si sono svolte nove conferenze principali – seguite da discussioni plenarie –, tenute da psichiatri, esperti nella formazione sacerdotale, canonisti, vescovi e religiosi – alcuni dei quali ex-alunni della Gregoriana –, che hanno dovuto affrontare dolorose situazioni nelle rispettive diocesi e Congregazioni. I relatori provenivano dalla più diverse parti del mondo; ciò anche allo scopo di mostrare che la questione degli abusi non riguarda soltanto i Paesi occidentali, ma tutto il mondo. Le conferenze sono state tenute in 4 lingue: italiano, inglese, spagnolo, francese. In una di esse è stata presentata una riflessione teologica sul problema degli abusi fatta da quattro teologi della Gregoriana (prof.ssa Tenace e i gesuiti Carola, Rotsaert e Yañez).

Per dare voce alle vittime, nel corso della prima conferenza vi è stata la testimonianza di una persona che aveva subìto abusi da parte di un sacerdote quando aveva 13 anni, Marie Collins, aiutata da una psichiatra coinvolta nelle *listening sessions* che si sono svolte recentemente in Irlanda per far fronte a questo problema. La sua testimonianza è risultata particolarmente toccante; ella ha raccontato anche del comportamento tenuto in seguito dai superiori dell'abusatore, che si sarebbero limitati ad addossare a lei la colpa dell'accaduto, senza cercare in alcun modo di fermarlo. Questa mancanza di ascolto e di collaborazione ha causato in lei una pena e uno shock ancora più forti dell'abuso stesso.

La Collins ha manifestato il desiderio che la Chiesa ascolti e rispetti le vittime e che prenda sul serio le loro accuse. Ha aggiunto che ascoltare un *leader* della Chiesa chiedere perdono per aver difeso un abusatore è fondamentale per la guarigione. Ella inoltre ha chiesto che ci siano conseguenze disciplinari anche per chiunque non rispetti le norme della Chiesa. A tutti, specialmente ai laici credenti, deve essere consentito «di denunciare il peccato quando esso avviene, di chiamarlo crimine – perché di crimine si tratta – e di fare qualcosa in proposito», ha aggiunto ancora la Collins.

- I pomeriggi sono stati dedicati a vari *workshops*, condotti da un *team* di *Virtus*, un programma curato dal *National Catholic Risk Retention Group* della Chiesa negli Stati Uniti, ed elaborato allo scopo di aiutare la Chiesa nel compito della prevenzione degli abusi. Questo programma attualmente viene utilizzato da 115 diocesi degli Usa. Nel corso dei *workshops* si è sottolineata l'importanza di un'educazione all'accesso a internet, che è uno dei punti fondamentali su cui *Virtus* intende lavorare, per prevenire il fenomeno gravissimo della pedopornografia e della variegata costellazione di dipendenze da internet: «La ricerca dimostra che bisogna insegnare l'internet "normale" e l'uso corretto della tecnologia così come si insegna a guidare l'automobile. Per analogia, bisogna anzitutto essere assistiti da un adulto che sappia guidare, bisogna sentirsi sicuri e imparare le "regole della strada". Perché ci comportiamo diversamente con internet, con i telefoni cellulari e con la tecnologia moderna?».

Sono stati anche presentati alcuni criteri fondamentali che possono aiutare genitori ed educatori a gestire in maniera sana questo potente e ricco strumento, proteggendo i minori: *1)* fissare delle regole («collocare alcune regole chiare, semplici, facili da leggere sul monitor o vicino ad esso. L'"Impegno alla sicurezza in internet" è disponibile su molti siti»); *2)* usare filtri di monitoraggio; *3)* controllare le norme sulla *privacy* («I siti per bambini non possono chiedere informazioni personali senza il permesso del genitore o di chi ha cura del bambino»); *4)* parlare dei pericoli delle e-mail e delle chat; *5)* tenere il computer in salotto o in un altro ambiente aperto della casa, così che sia possibile vedere ciò che i figli possono fare *online.*

– All'interno del programma sono state previste una liturgia penitenziale e una celebrazione eucaristica (presieduta dal card. Filoni) ispirate a queste tematiche. Nel corso della liturgia penitenziale, presieduta dal card. Marc Ouellet, prefetto della Congregazione dei Vescovi, e celebrata insieme ad altri dieci vescovi, è stato chiesto perdono per aver fallito nel compito di proteggere i minori e aver agito come «strumenti del male contro di loro».

– Al Simposio hanno partecipato quattro persone nel ruolo di osservatori; alla fine esse hanno presentato una relazione con le proprie riflessioni sulla coerenza tra fini e realtà del Simposio stesso.

– Un elemento cruciale per la comunicazione esterna era il lavoro proattivo con i *media* (cfr le conferenze stampa del 18 giugno 2011 e del 3 febbraio 2012), anche perché ci si aspettava un grande interesse mediatico, data la delicatezza del tema. Cosa che si è puntualmente verificata in tanti Paesi con una grande eco – generalmente molto positiva –, mentre la stampa italiana, presa da altre notizie, non ha dato molta importanza al Simposio.

Mons. Ch. Scicluna, promotore di giustizia della Congregazione per la Dottrina della Fede, nonché referente principale delle denunce pervenute alla Santa Sede circa gli abusi compiuti da sacerdoti e religiosi, ha affermato che nessuna strategia per la prevenzione dell'abuso sui bambini potrà mai portare a risultati positivi senza impegno e responsabilità. Ha ricordato in proposito le parole rivolte da Benedetto XVI ai vescovi di Irlanda nel 2010: «Soltanto un'azione decisa portata avanti con piena onestà e trasparenza potrà ripristinare il rispetto e il benvolere degli Irlandesi verso la Chiesa alla quale abbiamo consacrato la nostra vita». «Le parole del Santo Padre Benedetto XVI – concludeva mons. Scicluna – ricordano ciò che ha detto il Signore nel Vangelo di Giovanni: "La verità vi farà liberi" (*Gv* 8,32). Un'onesta ricerca della verità e della giustizia costituisce la migliore risposta che possiamo offrire al triste fenomeno dell'abuso sessuale dei minori da parte di chierici».

Il cardinale William J. Levada, prefetto della Congregazione per la Dottrina della Fede, ha riferito che nell'ultimo decennio sono stati segnalati a questa Congregazione oltre 4.000 casi di abusi sessuali, molti dei quali risalgono a decenni passati. Egli ha aggiunto che tali casi rivelano l'inadeguatezza di una risposta esclusivamente canonica alla crisi, e che è necessario un approccio maggiormente proattivo e su più fronti da parte di tutti i vescovi e degli Ordini religiosi.

Secondo il card. Levada, gli Stati Uniti, il Canada, l'Australia e la Germania sono i Paesi che hanno adottato norme e Linee guida tra le più complete e stringenti, ma ha aggiunto che «in molti casi tali risposte sono arrivate solo a seguito di rivelazioni da parte dei mezzi di informazione circa comportamenti scandalosi ad opera di sacerdoti».

I partecipanti al Simposio hanno affermato che, dopo generazioni di minori e adulti vulnerabili colpite e traumatizzate, imparare la lezione in questi termini durissimi non deve diventare la norma. «È necessario che ogni Paese del mondo passi attraverso questo stesso processo straziante?», domandava mons. St. Rossetti, professore clinico associato di studi pastorali alla *Catholic University of America* di Washington. Le dure lezioni di questi decenni hanno insegnato alla Chiesa gli elementi essenziali di un programma efficace di protezione dei minori, ha aggiunto mons. Rossetti, ma tali standard hanno bisogno di essere realizzati in tutto il mondo. Non tutti i vescovi o i superiori sono pienamente concordi, ha detto, poiché alcuni ritengono che nessun abuso sia avvenuto o possa avvenire sotto il loro controllo; e ha aggiunto: «Non si tratta di cambiare alcune politiche, ma di un cambiamento nel modo in cui le persone concepiscono tali problemi, ed è questo che richiede un balzo culturale».

«La mortale cultura del silenzio, o di "omertà", è di per sé sbagliata e ingiusta», ha detto mons. Scicluna. Egli ha riaffermato l'obbligo per i leader della Chiesa di cooperare con le autorità civili, osservando che «l'abuso sessuale dei minori non costituisce soltanto un delitto canonico o una violazione di un codice di condotta interno di un'istituzione, religiosa o altra, ma rappresenta anche un crimine perseguibile dal diritto civile. Per quanto i rapporti con le autorità civili possano variare da Paese a Paese, tuttavia è importante collaborare con esse nell'ambito delle rispettive competenze». La Lettera circolare della Congregazione per la Dottrina della Fede del 3 maggio 2011 specifica tra l'altro: «Va sempre dato seguito alle prescrizioni delle leggi civili per quanto riguarda il deferimento dei crimini alle autorità preposte, senza pregiudicare il foro interno sacramentale. Naturalmente, questa collaborazione non riguarda solo i casi di abusi commessi dai chierici, ma riguarda anche quei casi di abuso che coinvolgono il personale religioso o laico che opera nelle strutture ecclesiastiche».

Anche gli esperti hanno sottolineato come l'ascolto delle vittime e la ricerca della verità, della giustizia e della loro sicurezza debbano essere gli obiettivi primari di tutti i leader ecclesiastici.

La necessità di una pastorale adeguata

Mons. Tagle, arcivescovo di Manila, ha osservato come alcune culture non europee presentino elementi che in qualche caso possano favorire il verificarsi di abusi, come ad esempio:

- la forte propensione al «tatto», nel senso che il contatto fisico tra persone e con i bambini è considerato normale. I bambini, tuttavia, non sono in grado di distinguere un contatto affettuoso da un contatto malizioso;

- il grande potere attribuito agli adulti nei confronti dei bambini, in nome della disciplina e del loro bene;

- il modo piuttosto vago e ampio di definire la famiglia, nel senso che anche i sacerdoti ne sono considerati parte e quindi è loro permesso di accedere nei luoghi più privati. Da questo punto di vista, gli episodi di violenza non avvengono ad opera di «estranei», ma di persone considerate membri della famiglia stessa;

- la considerazione quasi «divina» di cui il clero gode, che favorisce il verificarsi di comportamenti «doppi» e abusivi.

Mons. Tagle ha poi rilevato che il problema e le gravi conseguenze a cui ha portato richiedono soprattutto una risposta di tipo pastorale. Secondo l'Arcivescovo di Manila, gli elementi principali di una tale risposta al problema potrebbero essere i seguenti:

– la cura pastorale delle vittime e delle loro famiglie. Essa comprende la giustizia, la compassione, la protezione e, alcuni casi, anche la restituzione;

– la cura pastorale della comunità danneggiata: parrocchia, diocesi o Congregazione;

– la cura pastorale del sacerdote autore della violenza sessuale. Il modo migliore per prendersi cura dell'autore della violenza sessuale è quello di metterlo di fronte alla sua cattiva condotta. Bisogna aiutarlo a rendersi conto delle procedure ecclesiastiche e canoniche relative al suo caso particolare. Il vescovo deve osservare scrupolosamente le procedure, specialmente quando la gravità del fatto potrebbe condurre alla destituzione dallo stato clericale;

– la cura pastorale del clero non toccato da accuse. Il clero sano porta questo peso. Deve rispondere a delle domande. Deve condividere la vergogna dei confratelli sacerdoti per il semplice fatto di appartenere allo stesso presbiterato;

– la cura pastorale dei superiori e dei vescovi; la formazione, intesa sia come formazione nei seminari sia come formazione permanente del clero. Anzitutto, la formazione alla maturità umana: «Fra i molti aspetti della maturità umana, un'area importante è quella delle relazioni responsabili. Questo è il punto focale della crisi: la capacità di relazionarsi in modo responsabile e di rendere conto. La sensibilità verso le donne e i bambini, la comprensione del proprio sviluppo umano e sessuale e il lavoro in squadra sono necessari».

Tutto ciò ripropone il problema delicato e sempre attuale di una adeguata selezione e formazione, non soltanto dei candidati al sacerdozio e alla vita religiosa, ma soprattutto al grado dell'episcopato. «Dobbiamo essere attenti nello scegliere i candidati per l'importante ufficio di vescovo, e dobbiamo anche utilizzare gli strumenti che il diritto canonico e la tradizione ci offre per responsabilizzare i vescovi», ha precisato mons. Scicluna. Entrando nello specifico del problema, egli ha affermato in maniera esplicita che «non è accettabile» da parte dei vescovi ignorare i protocolli anti-abuso predisposti dal Vaticano o dalle rispettive Conferenze episcopali.

Ha anche detto che una lettura attenta e approfondita del recente magistero della Chiesa in materia di abuso sessuale dei minori da parte di religiosi dimostra come la sicurezza dei bambini costituisca una preoccupazione di primaria importanza per la Chiesa e sia parte integrante del suo concetto di «bene comune». Ha osservato che ci sono già norme concrete nel diritto canonico che permettono di sanzionare i vescovi per «negligenza e colpa nell'esercizio delle proprie funzioni» (cfr CIC, cann. 1389 e 128).

Questa attenzione si rende particolarmente urgente per affrontare problemi che appaiono difficilmente gestibili, soprattutto circa un possibile intervento capace di mantenere unite giustizia e compassione: «Oggi è difficile e doloroso essere un superiore o un vescovo – ha affermato mons. Tagle –. Ci si sente smarriti, confusi e in preda alla vergogna quando un membro del clero commette una violenza sessuale. Mentre si aiutano i propri preti, bisogna anche giudicare. Al tempo stesso non si può difendere i preti, trascurando la verità, la giustizia e il bene delle vittime e della comunità. I superiori sono colpiti da tutte le parti. Sono accusati di coprire, se sono discreti. Sono accusati di mancanza di compassione, se sono fermi».

I passi successivi

Il Simposio internazionale ha rappresentato un'occasione privilegiata in cui vescovi e altri leader ecclesiastici, provenienti da ogni continente e da oltre 120 Paesi, hanno potuto confrontarsi circa le rispettive esperienze nel rapporto con le vittime, con gli abusatori e con la prevenzione. La Chiesa cattolica è universale e in molti luoghi esistono già delle *best practices* che possono essere scambiate, sebbene il contesto culturale e delle leggi civili sia differente da un Paese all'altro. Questo carattere di universalità, realizzato con lo sforzo congiunto sia dei partecipanti (grazie al lavoro e all'incoraggimento della Segreteria di Stato e dei dicasteri pontifici), sia dei relatori, è stato indubbiamente l'elemento più nuovo e significativo nei confronti di questo grave problema.

La presenza e il contributo da parte della signora Collins e della dottoressa Sheila Hollins (che, in qualità di membro delle *listening sessions* condotte dalla Chiesa in Irlanda, ha ascoltato circa 700 vittime di abuso in Irlanda) è stata la chiave di lettura dell'atmosfera e dello sviluppo del Simposio.

Esso tuttavia non è stato pensato come un evento «bello, ma unico»: invece è stato concepito – come ha precisato uno degli organizzatori nel corso di una conferenza stampa – «come un ulteriore passo nel lungo e doloroso cammino della Chiesa nell'assumersi le sue responsabilità del passato e nel lavorare per un futuro migliore».

Molti rappresentanti provenienti da diversi Paesi di Africa e Asia hanno detto di aver compreso per la prima volta l'importanza e le proporzioni del disastro degli abusi all'interno della Chiesa, e ci si augura che questo abbia un impatto rilevante, non soltanto nell'introduzione delle Linee guida, ma anche nell'attuare misure preventive e nell'assumere responsabilità a partire dagli eventi passati. Sono già in corso accertamenti in vari Paesi, sulla base delle Linee guida che le Conferenze dei vescovi locali hanno messo in pratica. Tutte le Conferenze dei vescovi che non hanno ancora predisposto le proprie Linee guida devono inviarle entro l'estate 2012, come richiesto dalla Congregazione per la Dottrina della Fede.

In connessione con il Simposio, l'Istituto di Psicologia della Pug ha dato vita, a Monaco di Baviera, a un Centro per la Protezione dei Minori. Il lancio di questo Centro, multilingue e basato su una piattaforma internet, con sede nella città di Monaco, di cui lo stesso Papa è stato un tempo arcivescovo, punta ad aiutare tutti i vescovi, i sacerdoti e i leader pastorali a sviluppare un approccio globale al problema degli abusi, non soltanto all'interno della Chiesa, ma anche nella società. Finanziato dall'arcidiocesi di Monaco, dalle diocesi di Augsburg e Osnabrück e dalle Suore della Misericordia (Casa madre di Monaco), con il contributo anche di sponsor privati e con una donazione da parte della *Papal Foundation*, questo Centro svilupperà, in un periodo di tre anni, un programma di *e-learning*, cioè una piattaforma di apprendimento basata su internet, con lo scopo di dare uno strumento moderno e facilmente utilizzabile ovunque. I contenuti riguardano informazioni dagli ambiti della psicologia, pedagogia, teologia e diritto canonico, per favorire una maggiore consapevolezza circa la realtà degli abusi nella Chiesa e nella società, l'aiuto appropriato per le vittime, la conoscenza delle misure canoniche previste e la creazione di un clima di ascolto e di sensibilità nei confronti dei minori e dei più deboli.

La struttura lavorerà con otto *project partners*, tra diocesi e Congregazioni religiose, in quattro lingue: inglese, spagnolo, italiano, tedesco. Due di questi *project partners* si trovano in Africa (Ghana, Kenya), due in America Latina (Argentina, Ecuador), due in Asia (India, Indonesia) e due in Europa (Germania, Italia). Il programma prevede un periodo iniziale di svolgimento di tre anni e conta sull'apporto scientifico di esperti provenienti dall'Università Clinica di Ulm (Germania), oltre a quello dell'Istituto di Psicologia della Pontificia Università Gregoriana[3].

Un *team* interdisciplinare di esperti internazionali è coinvolto nello sviluppo di un programma di educazione certificato, costituito da moduli di studio sugli abusi sessuali rivolti a operatori pastorali. Questa risorsa può essere utilizzata in qualunque momento e in qualunque luogo del mondo e può essere modificata per meglio adattarla alle esigenze locali. L'obiettivo ultimo è la realizzazione di un programma di prevenzione e di intervento nell'interesse della protezione dei minori.

---

3. Cfr www.elearning-childprotection.com

LA DIGNITÀ DEI MINORI NEL MONDO DIGITALE
Un Congresso internazionale alla Gregoriana

Hans Zollner S.I. - Katharina A. Fuchs

Non si incontrano facilmente genitori che non siano preoccupati per l'uso che potrebbe essere fatto di Internet da parte dei figli, e in particolare per la presenza diffusa sulla rete di immagini pornografiche. Quello che è preoccupante nel privato e per la famiglia, assume dimensioni terrificanti quando si guarda ai numeri globali e ci si rende conto della vastità e della multiformità del problema.

Attualmente sono 3,2 miliardi gli utenti di Internet, di cui almeno un quarto sono minori. Si può certamente affermare che Internet offre grandi possibilità, vantaggi e comodità, ma indubbiamente porta anche grandi rischi per la sicurezza, espone a truffe economiche, e a pericoli anche per l'integrità e la dignità delle persone, con speciale riferimento ai bambini, che non dispongono degli strumenti per difendersi.

Essi sono così minacciati da nuove forme di abuso, come cyber-bullismo (l'uso delle nuove tecnologie per intimorire, molestare, mettere in imbarazzo, far sentire a disagio o escludere altre persone), *cyber-grooming* (adescamento sessuale attraverso la rete), *sexting* (invio di testi o immagini sessualmente esplicite tramite Internet o telefono cellulare) e *sextortion* (pratica spesso usata da cybercriminali per estorcere denaro alle vittime: il malintenzionato contatta la vittima, la convince a farsi mandare foto e video sessualmente espliciti e poi chiede un riscatto per non rendere pubblico questo materiale).

Un Congresso multidisciplinare

Queste realtà – pericolose per lo sviluppo mentale, emotivo e spirituale dei giovani – e la prevenzione di questi danni sono stati il tema di un Congresso internazionale, intitolato *Child Dignity in the*

Digital World, che si è tenuto dal 3 al 6 ottobre 2017 presso la Pontificia Università Gregoriana. Il Congresso è stato organizzato dal *Centre for Child Protection* della Gregoriana, in collaborazione con il Telefono Azzurro e con l'organizzazione *WeProtect Global Alliance* del governo britannico.

Si è trattato del primo Congresso del genere, in quanto radunava i migliori esperti di tutto il mondo nelle varie discipline e settori (ad esempio, psicologia, psicoterapia, sociologia, scienze della comunicazione, diritto, teologia ecc.), che sono coinvolti nella ricerca su questi fenomeni e nello sforzo preventivo dal punto di vista politico, giuridico, diplomatico e religioso.

Le Facoltà di medicina di Harvard, Yale e *Johns Hopkins*, l'Interpol e l'Unicef, l'Ecpat e i governi italiano – rappresentato dal presidente del Senato, on. Pietro Grasso, e dalla ministra Valeria Fedeli del Miur –, tedesco, britannico e degli Emirati Arabi Uniti, i rappresentanti di varie confessioni cristiane e del mondo islamico, ebraico e taoista: tutti questi partecipanti hanno offerto il proprio autorevole contributo nell'ambito delle rispettive competenze per definire lo *status quaestionis*, discutere le problematiche emerse ed elaborare proposte concretamente realizzabili.

Affinché questo sforzo non rimanesse solo nella teoria, era importante che al Congresso partecipassero anche rappresentanti delle principali imprese che operano nel settore dei servizi online: Facebook e Microsoft hanno quindi inviato i rispettivi responsabili per le *policy* sulla sicurezza a livello globale. L'aspetto della responsabilità dei mass-media è stato sottolineato anche da Mario Calvo-Platero, giornalista de *Il Sole 24 Ore*.

Anche la recente decisione della Conferenza episcopale italiana di creare un «gruppo di lavoro» per la prevenzione degli abusi nella Chiesa s'inserisce nella linea di dare un'applicazione pratica agli sforzi di ricerca che si stanno facendo su questo tema.

Le sofferenze causate dagli abusi sessuali

Il Congresso, aperto dal Segretario di Stato della Santa Sede, card. Pietro Parolin, si è svolto in un clima di grande interesse, di buona volontà e di comprensione da parte di tutti i partecipanti. È stata un'esperienza molto positiva: il fatto stesso che ci sia un'intesa per combattere questo male, che è molto più grande e ha un impatto molto più ampio di quanto si possa pensare, è già un obiettivo importante raggiunto dal Congresso.

Alcuni numeri possono dare un'idea della diffusione del fenomeno: nel 2016 in Europa sono stati denunciati 57.000 casi di abuso sessuale su minori attraverso la rete, immagini di nudo, filmati prodotti con il ricatto o con la forza; questo materiale spesso viene realizzato o venduto dagli stessi genitori o dai membri della famiglia. Si può ragionevolmente pensare che i casi effettivamente avvenuti siano almeno cinque volte di più.

Dietro queste cifre si nascondono vite ferite per sempre. Il danno più grave connesso con l'abuso online è che questo materiale rimarrà accessibile per sempre. Esistono senz'altro misure in grado di sopprimere una foto o un video, ma è sufficiente che una persona abbia scaricato il materiale sul proprio computer affinché esso possa essere pubblicato nuovamente.

La persona che ha subìto l'abuso viene quindi sottoposta a molteplici sofferenze; non può sapere chi ha accesso a questo materiale e chi possiede una sua foto molto intima. Secondo l'Interpol, nel 2016 ogni giorno cinque bambini sono stati vittime di abusi sessuali nel mondo, per la produzione di pedopornografia online; a volte gli abusi erano effettuati su bambini molto piccoli, tra 3 e 4 anni di età: l'abuso distrugge non solo il corpo, ma anche l'anima di queste piccole vittime.

Come è stato sottolineato da Joanna Shields, fondatrice di *We-Protect Global Alliance*, i video pornografici non descrivono semplicemente due adulti che hanno un rapporto sessuale, ma presentano interazioni prive di amore, piene di violenza verbale e fisica.

Mary Anne Layden, della *University of Pennsylvania*, ha fatto notare che la pornografia veicola immagini di una relazione tra i sessi che mostra un maschio dominante e una femmina sottomessa, che invia un messaggio secondo il quale alla donna piacerebbe essere umiliata, soffrire; la diffusione della pornografia ha innescato il diffondersi di pratiche sessuali che infliggono dolore alla donna.

Donald Hilton Jr, della *University of Texas Health Science Center*, ha parlato dell'influsso della pornografia sul funzionamento del cervello: quanto prima il bambino è esposto a immagini pornografiche, tanto prima sarà influenzato da un determinato immaginario, sopraffatto da emozioni che non è in grado di elaborare e digerire.

Da questo punto di vista, è interessante notare come l'adolescenza inizi con sempre maggiore anticipo. Negli Usa le bambine hanno concluso lo sviluppo sessuale adolescente all'età di 13-14 anni. Quindi, l'inizio della pubertà, da un punto di vista fisiologico, si colloca attorno ai 9-10 anni, e si nota che questo inizio per ogni generazione è anticipato di un anno; per contro, lo sviluppo del cervello e del senso di responsabilità continua a seguire le consuete tempistiche, quando addirittura non risulta posticipato: si registra cioè una maturità del corpo molto precoce, alla quale non corrisponde la maturità relazionale e cognitiva, la consapevolezza della propria identità e della propria vita sessuale. Questo contrasto è preoccupante, perché i minori agiscono sessualmente, ma non si rendono conto di ciò che stanno facendo. Il nostro compito deve essere quello di favorire una maggiore integrazione tra lo sviluppo fisico e l'etica.

Michael Seto, membro del *Royal Ottawa Health Group*, ha delineato una panoramica degli abusi sessuali online, offrendo alcuni elementi per la valutazione del rischio. Ha analizzato la relazione che esiste tra gli abusi che avvengono attraverso Internet e quelli che avvengono con un contatto fisico, e ha tracciato i profili caratteristici degli abusatori.

La prevenzione

Chi sono gli abusatori? Perché commettono questi atti? L'intervento di Ethel Quayle, della *University of Edinburgh*, ha fornito delle risposte a questi interrogativi, basandosi sui risultati di diversi studi focalizzati sugli abusi commessi attraverso l'uso delle tecnologie informatiche.

Elizabeth J. Letourneau, della *Johns Hopkins University*, ha insistito sulla possibilità di prevenire gli abusi sessuali sui minori: abusi che non vanno considerati alla stregua di una malattia dalla quale non si può guarire. La prevenzione richiede un approccio trasversale e multiforme. Se, ad esempio, ci riferiamo alla diffusione di immagini online, occorre fare tutto il possibile affinché esse non circolino: a tal fine, il legislatore dovrebbe imporre leggi più severe e vigilare sulla loro applicazione.

Dovrebbero poi essere educate più adeguatamente le persone che vivono in contesti di maggiore rischio. Tornando all'esempio delle immagini, i loro fruitori vivono spesso in famiglie violente, disfunzionali: si dovrebbe allora investire nella stabilizzazione della convivenza tra le persone, in famiglia come anche in altri ambiti. È una prevenzione che parte da lontano, ma che può avere risultati duraturi. Inoltre, è necessario far sì che i giovani vengano educati alla sessualità e all'uso delle moderne tecnologie, affinché si rendano conto delle conseguenze di inviare in rete proprie immagini di nudo, di cedere alle pressioni dei loro compagni di esibirsi.

I temi dell'educazione dei minori e del loro *empowerment* sono stati al centro dell'intervento di David Finkelhor, della *University of New Hampshire*, figura storica della ricerca sociologica sul processo di *grooming*.

La prevenzione include tutti, soprattutto gli insegnanti, che spesso non conoscono a fondo i rischi connessi con un accesso a Internet sregolato e non controllato da parte dei bambini e degli adolescenti. Durante il Congresso sono state spesso ripetute le parole «collaborazione», «fare rete»: è del tutto evidente che né la scienza, né la politica, né le forze dell'ordine, né le religioni possono risolvere il problema da soli.

Proprio la prevenzione e la collaborazione a livello internazionale e multidisciplinare sono alcuni dei punti cardine su cui si fonda l'impegno del *Centre for Child Protection*. Tra le varie attività del Centro – oltre, come in questo caso, all'organizzazione di Congressi e Convegni – possiamo ricordare la ricerca e le pubblicazioni, lo sviluppo di un programma *e-learning* (apprendimento online a distanza) e l'offerta di diversi tipi di corsi di formazione, tra cui il *Diploma Course in Safeguarding of Minors* – un corso intensivo di un semestre a Roma, ormai giunto alla sua terza edizione – e, a partire dall'anno accademico 2018-2019, un programma biennale di Licenza in *Safe-guarding of Minors*[1].

Alla fine del Congresso i partecipanti hanno elaborato la «Dichiarazione di Roma», un testo di tredici punti in cui governi, società di Internet, istituzioni internazionali, il mondo scientifico e le religioni vengono chiamate a una lotta più decisa e più coordinata per la protezione dei minori su Internet.

Venerdì 6 ottobre l'evento si è concluso con una udienza da papa Francesco, al quale è stata presentata la «Dichiarazione» da una giovane irlandese, in rappresentanza della generazione che si trova al centro dell'attenzione del Congresso. Il Papa, nel discorso con cui si concludeva il Congresso[2], ha sottolineato che «per le drammatiche esperienze fatte e per le competenze acquisite nell'impegno di conversione e purificazione, la Chiesa sente oggi un dovere particolarmente grave di impegnarsi in modo sempre più profondo e lungimirante per la protezione dei minori e la loro dignità, non solo al suo interno, ma in tutta la società e in tutto il mondo; e ciò non da sola – perché evidentemente insufficiente –, ma dando la propria collaborazione fattiva e cordiale a tutte le forze e le componenti della società che si vogliono impegnare nella stessa direzione».

1. Sull'attività del *Centre for Child Protection* cfr anche H. ZOLLNER, «La tutela dell'infanzia nella Chiesa cattolica», in *Civ. Catt.* 2017 I 448-457.
2. Cfr www.childdignity2017.org/fileadmin/downloads/Pope/Child_Dignity_World_Congress_Declaration_Pope_Francis_Speech_IT_FR_ENG_ES.pdf

ABBONAMENTI

ITALIA
1 anno € 95,00; 2 anni € 160,00; 3 anni € 240,00

ZONA EURO
1 anno € 120,00; 2 anni € 210,00; 3 anni € 320,00

ALTRI PAESI
1 anno € 195,00; 2 anni € 330,00; 3 anni € 540,00

Puoi acquistare un quaderno (€ 9,00 per l'annata in corso, € 15,00 per gli arretrati),
sottoscrivere o rinnovare l'abbonamento alla nostra rivista
con carta di credito o prepagata, bonifico e PayPal.

direttamente sul sito: | laciviltacattolica.it

oppure tramite
c/c postale: | n. 588004
intestato a La Civiltà Cattolica,
via di Porta Pinciana, 1
00187 Roma

c/c bancario: | intestato al Collegio degli scrittori
della Civiltà Cattolica
IBAN IT 71 B 02008 05038 000003380976
BIC SWIFT: UNCRITMM

[IVA assolta dall'editore ai sensi dell'art. 74, 1° comma, lett. c), D.P.R. 633/1972 e successive modifiche]
Direzione, amministrazione e gestione della pubblicità: via di Porta Pinciana, 1 - 00187 Roma.
Telefoni: centralino (06) 69.79.201; fax (06) 69.79.20.22; abbonamenti (06) 69.79.20.50